Karin Dietl-Wichmann

Mamma Mía

Das Buch
über
Mütter und Töchter

Karin Dietl-Wichmann

Mamma Mía

Das Buch
über
Mütter und Töchter

teNeues

Inhalt

Vorwort

Meine Mutter war eine rothaarige Schönheit. Sie war die dritte oder vierte Ehefrau meines Vaters. Genaueres habe ich nie erfahren. Einen Beruf schien sie nie ausgeübt zu haben. Vater war hingerissen von ihr. Weil er sie so umwerfend fand, ließ er sie von einem damals angesagten Künstler malen. Auf dem Bild trug sie ein Spitzenabendkleid, das für mich als Kind wie ein Negligé aussah. Ich habe mich immer ein wenig geschämt, wenn dieses Bild für alle Besucher sichtbar in der Bibliothek hing.

Meine Mutter war kapriziös, launisch und überspannt. Alles war entweder grottenschlecht oder wundervoll. Dass diese divenhafte Frau keine besonders interessierte Hausfrau war, hat meinen Vater nicht gestört. Es gab ja Personal.

Die Kochkünste meiner Mutter waren gewöhnungsbedürftig bis ungenießbar. Dafür gelang es ihr, im simpelsten Fummel grandios aufzutreten. Für ihre Tochter interessierte sie sich eher am Rande. Das heißt: Wenn sie mein Benehmen unmöglich fand, hatte ich ihre volle Aufmerksamkeit. Ich glaube, sie war froh, dass sich mein Vater gern und ausführlich mit mir beschäftigte. Einmal habe ich meine Mutter bei einem Tête-à-Tête erwischt. Sie küsste einen fremden Mann. Nachdem mein Vater auch so manche Dame zur Begrüßung umarmte, dachte ich mir nichts dabei.

Sobald ich die Schule abgeschlossen hatte, verließ ich das Haus. Wir beide weinten einander keine Träne nach. Als ich dann auch noch den – ihrer Meinung nach – falschen Mann heiratete, war ihre Zukunftsprognose für mein Leben düster. Kurz gesagt: Eine liebevolle Mutter-Tochter-Beziehung hatten wir nie.

Ich war 28, als meine Tochter zur Welt kam. Kein Wunschkind – aber heiß geliebt. Ich begann gerade, die ersten größeren Erfolge als Journalistin zu haben. Für mich hieß das: Organisation ist alles. Kind, Job und Mann unter einen Hut zu bringen war ziemlich

mühsam. Mehr als „Ich habe mich bemüht" kann ich über diese Zeit nicht sagen. Immerhin kann ich besser kochen als meine Mutter. Aber würden Sie meine Tochter fragen, was sie von mir als Mutter hält, würde sie vermutlich Gift und Galle spucken. Können es Mütter denn nie recht machen?

Inzwischen bin ich Großmutter zweier Enkelkinder. Es sind interessante Erfahrungen, die ich mit ihnen und durch sie mache. Ich liebe sie sehr. Ob ich eine gute Großmutter bin? Keine Ahnung. Ich bemühe mich.

Mythos
Mutterliebe:
Heilige
oder
Hormonmonster?

Wir kennen sie alle, diese herzbewegenden Bilder von Müttern mit ihrem Neugeborenen im Arm. Die oft stundenlangen Strapazen der Wehen liegen hinter ihnen. Sie sind erschöpft und glücklich. Aber die Liebe zu dem winzigen Bündel ist sofort da. Man sieht es quasi an dem *Heiligenschein,* der das Gesicht der Mutter zum Leuchten bringt. An der Zärtlichkeit, wie dieses winzige Wesen von ihr gehalten wird.

Die Angst der Mutter, dass bei der Geburt etwas schiefgehen könnte, ist überstanden. Das Kind ist gesund. Das Köpfchen wohlgeformt, alle Zehen und Finger dort, wo sie hingehören. Eigentlich könnte die Mutter jetzt in einen glücklichen Erschöpfungsschlaf sinken. Aber da ist dieses übermächtige Gefühl, das sie durchströmt: Liebe, Hingabe, Glück pur.

Ein Wunder nach all dem Stress der Geburt? Ja und nein. Natürlich ist jede Geburt wie ein Wunder. Auf jeden Fall ist sie meist der Beginn einer der intimsten und gleichzeitig einer der kompliziertesten Beziehungen, die eine Frau in ihrem Leben eingeht. Wenn wir aber mit der Wissenschaft, mit den reinen Fakten also, beginnen wollen, ist die Gefühlswelt der Mutter bei der Geburt vor allem eins: ein Trick der Natur.

Denn das Oxytocin, das während der Geburt die Wehen auslöst, wirkt zugleich beruhigend und stresslindernd. Die Mutter schwimmt in einem See aus Oxytocin. Das macht die Schmerzen erträglich. Außerdem löst dieses Hormon die Milchejektion aus und verschafft der Mutter ein angenehmes Gefühl. Teilweise sogar Gefühle von Lust. Der Begriff *Stillen* kommt daher, dass das Hormon über die Milch zum Kind gelangt und dieses beruhigt. Das wiederum beruhigt natürlich auch die Mutter. Diese Wechselwirkung ist nur ein Beispiel dafür, wie Oxytocin die emotionale Bindung der Mutter an das Kind stärkt. Es wird deshalb auch *Bindungs- oder Glückshormon* genannt. Wie sonst ist es zu erklären, dass Frauen sich Tag für Tag und Nacht für Nacht um ihren Nachwuchs kümmern? Dass sie das Baby mit höchstem Einsatz beschützen, es mitten in der Nacht füttern, dem eigenen Schlafbedürfnis zum Trotz, und durchschnittlich 4500 Mal pro Kind die Windeln wechseln?

Wie aber ist es, wenn eine Frau durch Kaiserschnitt entbindet? Ist die Bindung zu ihrem Kind dann weniger stark?

Als die Wirkung von Oxytocin als *Bindungs- und Glückshormon* noch nicht so umfassend erforscht war, glaubten die Forscher, dass Mütter von Kaiserschnittbabys weniger emotionale Bindungen an ihre Kinder hätten. Inzwischen kann man das Hormon synthetisch herstellen. Zusätzlich wird bei angenehmem Hautkontakt Oxytocin ausgeschüttet. Aus diesem Grund legt man das Baby nach der Geburt sofort auf den Bauch der Mutter. Wunder allerdings bewirkt auch Oxytocin nicht. Fehlende Empathie und psychische Probleme in der Familie kann auch ein Hormon nicht reparieren.

Ungefähr 20 Prozent der Mütter von Neugeborenen zeigen verringerte Sensibilität gegenüber ihren Kindern. Ihre Reaktion im Belohnungssystem des Gehirns und die Aktivität von Oxytocin sind beim Anblick ihres eigenen Kindes im Vergleich mit anderen Müttern oft schwächer. Solche Mütter können es schwierig finden, mit kindlichem Unmut oder stressigen Situationen umzugehen. Sie reagieren dann oft nervös oder ziehen sich vom Kind zurück. Sie bemerken die Signale ihres Kindes nicht ausreichend oder interpretieren sie falsch. Verringerte mütterliche Sensibilität kann viele verschiedene Ursachen haben, und es ist wichtig, diese zu verstehen und zu berücksichtigen.

Pillen gegen Lieblosigkeit

Aus Studien über den Einfluss von Genen auf das Verhalten von Müttern oder Vätern lässt sich einiges ableiten. So ist es zum Beispiel durchaus nicht so, dass Mütter sich frei entscheiden könnten, ob sie nun zur Kuschelfraktion gehören oder ihren Kindern weniger Aufmerksamkeit schenken möchten. Vielmehr spielt die genetische Ausstattung eine wichtige Rolle, ob Mütter mit ihren Kindern zärtlich und voller Fürsorge umgehen.

Nichts scheint uns schändlicher als Mütter, die ihre Kinder lieblos behandeln. Mutterliebe hat gefälligst unfehlbar zu sein. Leider kann man sie nicht immer als gegeben voraussetzen. Neben der Biologie beeinflussen viele psychologische und soziale Faktoren unsere Gefühle. Allerdings misst die Gesellschaft mit zweierlei Maß: Mütter, die ihre Kinder verlassen, gelten als besonders hartherzig und grausam. Ihr Verhalten ist gesellschaftlich weit weniger akzeptiert, als wenn ein Vater seine Kinder und seine Frau im Stich lässt.

Außer einem Gendefekt ist an besonders herzlosem Verhalten von Müttern sehr oft auch ein Hormonmangel schuld. Viele Frauen erleben weder bei noch nach der Geburt diesen Flash von Oxytocin im Gehirn. Der Neurobiologe und Psychiater Thomas Insel von der Universität in Atlanta führt das auf einen Fehler im Hormonsystem zurück.

In den späten Siebzigerjahren sammelten amerikanische Ärzte Fälle von Müttern, die ihre Babys nicht liebten. Auf Intensivstationen für Neugeborene machten sie beängstigende Beobachtungen: Zu früh geborene Säuglinge, um deren Leben sie wochenlang gekämpft und die sie schließlich gesund nach Hause entlassen hatten, wurden kurze Zeit später wieder in die Notaufnahme eingeliefert – mit teilweise schweren Verletzungen, die ihnen die eigenen Mütter zugefügt hatten. Es waren die Erklärungsversuche für diese Schreckenstaten, die zu wichtigen Erkenntnissen über das Entstehen tiefer Mutterliebe geführt haben. So ergaben Untersuchungen im Fall der verletzten Frühgeborenen in den USA, dass Babys, die man unmittelbar nach der Geburt von ihrer Mutter getrennt hatte, häufiger misshandelt wurden als andere Säuglinge. In solchen Fällen gibt das Gefühl der Mutterliebe, die wegen ihrer Selbstlosigkeit in vielen Kulturen als höchste Form der Liebe gilt, gewaltige Rätsel auf. Trotz des Wissens um genetische Fehlentwicklungen und nicht immer vorhandene Botenstoffe im Gehirn erscheinen Frauen, die dieses Gefühl nicht entwickeln können, als Ungeheuer.

Heute ist es möglich, zumindest die gröbsten Fehlentwicklungen, an denen selten die Mütter selbst schuld sind, mithilfe von Medikamenten zu beheben.

Botox
oder: *Mamas*
gute
Gene

Sie sah einfach fabelhaft aus, was ich ihr auch neidvoll sagte. „Das verdanke ich meinen guten mütterlichen Genen!", erklärte meine Freundin, die eine berühmte Schauspielerin war, als sie mit babypopoglattem Gesicht bei mir aufkreuzte. Wir waren gleichaltrig. Und bis vor vier Wochen hatte man uns das auch noch angesehen.

Ich schluckte und verfluchte insgeheim meine Mutter. Anscheinend war es mit ihren mir vererbten Genen nicht so weit her. Natürlich ahnte ich, dass meine Freundin sich zur Verjüngung diverse Botoxladungen unter ihre Haut hatte spritzen lassen. Die Ausrede, dass es allein den Genen zu verdanken sei, dass aus welker, faltiger Haut urplötzlich straffe jugendliche wird, gehört zum Standardspruch vieler Models und Schauspielerinnen. Aber: Für ein bereits vom Alter gezeichnetes Gesicht gibt es keine von den mütterlichen Genen veranlasste Rückwärtsdrehung!

Natürlich ist es richtig, dass gute Gene einen Einfluss auf die Intelligenz, das Aussehen und Krankheiten der Nachkommen haben. Und dass viele mütterliche Gene auf die Töchter übertragen werden. Doch *Genwunder* gibt es nicht. Und um nicht in die Falle meiner Freundin zu tappen, sollte man vielleicht zunächst mehr über Genetik wissen:

Frauen haben in ihren Genen zwei X-Chromosomen. Männer nur eines und ein Y-Chromosom. Normalerweise geben Mutter und Vater ihrem Kind je die Hälfte ihrer genetischen Ausstattung mit. Der Zufall sorgt dann für die Mischung. Das X-Chromosom aber, so haben Wissenschaftler herausgefunden, ist hauptsächlich für die Intelligenz verantwortlich.

Umstritten ist, ob nun ausschließlich die Intelligenz der Mutter auf ihre Tochter übergeht oder ob der Vater, der ja ebenfalls ein X-Chromosom besitzt, nicht doch seinen Anteil an dem blitzgescheiten Mädchen hat. Trinkt die Mutter während der Schwangerschaft täglich anderthalb Flaschen Bier, sinkt der IQ des Kindes jedenfalls sicher, und zwar um ca. 7 Prozent – auch ganz unabhängig von der Chromosomenverteilung.

Chromosomenzahlenspiele

Körper: Die Schönheit der Mutter wird eher an Töchter als an Söhne vererbt. 37 Prozent bekommen eine ähnliche Figur wie die Mutter, und das sogar im gleichen Alter. Auch die Veranlagung zu Krampfadern vererbt Mama. Und: Töchter kommen oft im gleichen Alter in die Menopause.

Haarausfall: Der Gendefekt für Glatzenbildung stammt eher von Mama (da nur auf dem X-Chromosom). Der Übeltäter ist meist der Großvater mütterlicherseits.

Alzheimer: Wird deutlich öfter von der Mutter als vom Vater vererbt.

Allergien: Ist Mama allergisch, steigt das Risiko des Kindes auf 20 bis 40 Prozent, ebenfalls unter Allergien zu leiden, und auf bis zu 80 Prozent, wenn Papa die gleiche Allergie hat.

Herzschwäche: Hat die Mutter eine, ist die Gefahr für Herzerkrankungen deutlich erhöht. Aber auch, weil wir uns oft Mamas schlechte Gewohnheiten aneignen, *Rauchen* zum Beispiel.

Soweit die Wissenschaft. Wer oder was prägt nun das weibliche Baby hauptsächlich?

Warmes Nest versus Kühlkammer

Die Beziehung zur Mutter beeinflusst unser Leben und die Entwicklung unserer Persönlichkeit am meisten. Ist die Beziehung geprägt von Wärme, Geborgenheit und Liebe, wirkt sich das positiv auf uns aus. Mangelt es an diesen essenziellen Dingen, steigt die Wahrscheinlichkeit, dass die Tochter später einmal dringend einen Therapieplatz benötigt.

Beziehungen: Lebt die Mutter getrennt vom Vater, ist auch das eigene Trennungsrisiko höher. Wurde sie von ihrem Mann verlassen, sucht man sich vermehrt untreue Partner. Und hat Mama ihre Liebe nicht so gezeigt, fühlt sich die Tochter eher zu abweisenden Menschen hingezogen.

Beruf: Töchter berufstätiger Mütter sind leistungsfähiger, erfolgreicher und unabhängiger – vor allem, wenn der Vater vom Status her unter der Mutter stand. Die positive Einstellung zur Arbeit übernimmt die Tochter von Mama. Leider aber auch deren Existenzängste.

Selbstbewusstsein: War die Mutter ambivalent (lobt und lehnt ab), wird man doppelt so häufig eine unsichere Persönlichkeit – und eifersüchtiger. Hat sie sich wie eine Glucke verhalten, ist man später vorsichtiger. Ein früher Tod der Mutter fördert Verlustängste. Wer oft in den Arm genommen wurde, entwickelt ein positiveres Körperbild und neigt weniger zu Essstörungen.

Partnerwahl: Während wir Frauen uns an Papa orientieren, suchen sich 80 Prozent der Söhne eine Frau, die Mama optisch ähnelt, besonders in Mundpartie und Kinn. Außerdem hat sie meist das gleiche Bildungsniveau (oder höher!) und ist ähnlich dominant.

Gewalt: 80 Prozent der Opfer von Gewalt reagieren später selbst gewalttätig.

Der Apfel fällt nicht weit vom Stamm

Schlechte Erfahrungen können zu Veränderungen im Erbgut führen. Die Neurobiologen an der ETH Zürich haben herausgefunden, dass nicht nur Körper, Intelligenz und Aussehen vererbt werden. Auch die Erfahrungen der Vorfahren werden weitergegeben und wie ein Mensch aufwächst. Auch sie sind für die Eigenarten eines Menschen verantwortlich. So können traumatische Erfahrungen, Depressionen und Krankheiten der Mutter an die Töchter weitergegeben werden. „Schlechte Erfahrungen hinterlassen Spuren im Gehirn, in den Organen und Keimzellen", sagt Isabelle Mansuy von der ETH Zürich. „Über die Keimzellen werden diese dann weitervererbt." Hat die Mutter zum Beispiel von ihrer Mutter Ängste oder Verhaltensstörungen geerbt, die ihr Leben negativ beeinflusst haben, wird sie diese häufig auch an ihre Tochter weitergeben.

Weil die äußere Welt ein Spiegel der inneren Welt ist, manifestiert sich negative Prägung auch im wirklichen Leben. Umkehrbar sind diese in den Genen manifestierten Fehlschaltungen nicht mehr. Helfen kann in solchen Fällen nur eine Therapie, die man, um diese fatale Erbschaft zumindest erträglich zu machen, unbedingt angehen sollte.

Wenn das *Vertrauen ständig missbraucht* wurde: Dann erfährt auch die Tochter keine Liebe. Ihr Verhalten wird immer nur getadelt. Die Mutter zieht sich total zurück und gibt ihre Ängste weiter. Die Auswirkungen auf die Tochter: Sie hat Schwierigkeiten, anderen Menschen zu vertrauen und Nähe zuzulassen.

Die eigenen Grenzen zu verteidigen, fällt Müttern wie Töchtern schwer, weil sie Angst vor Ablehnung haben. Wenn etwas schiefläuft, fühlen sie sich sofort schuldig. Versagensängste und Selbstkritik begleiten sie auf Schritt und Tritt. Aufgrund von *fehlendem*

Selbstwertgefühl sind sie *süchtig* nach Bestätigung von außen.

Mutter und Tochter sind ständig in Alarmbereitschaft für die nächstmögliche Katastrophe. Selbst dann, wenn in beider Leben alles fabelhaft verläuft. Keine von ihnen kann ihr Potenzial entfalten, weil es von den eigenen Selbstzweifeln sabotiert wird.

Wir sind alle Evas Töchter

Mitte der Achtzigerjahre rückten die Muttergene ins Visier einiger junger Wissenschaftler, die für die Rekonstruktion der menschlichen Geschichte das Erbgut befragen wollten. Rebecca Cann, Mark Stoneking und Allan Wilson verglichen 147 weltweit eingesammelte Plazentaproben miteinander. Ihre Studie *Mitochondrial DNA and Human Evolution* erschien 1987 und schlug in der Anthropologie ein wie eine Bombe. Das Ergebnis: Sämtliche heute lebenden Menschen haben ihre Mitochondrien von einer einzigen weiblichen Vorfahrin geerbt. Wir haben sie alle von derselben Mutter.

Die Mitochondrien sind unsere Zellkraftwerke, bohnenförmige Winzlinge, die in jeder einzelnen unserer Körperzellen stecken und unverzichtbar sind für deren Energieversorgung. Sie selbst und den dazugehörigen genetischen Bauplan erhält jedes Kind ausschließlich von seiner Mutter, die ihn ihrerseits schon von der Mutter hatte, und so fort ... Wie ein roter Faden zieht sich die sogenannte mitochondriale DNA (kurz: mtDNA) durch die Generationen, immer entlang der mütterlichen Linie. Eine Linie von Müttern zu Töchtern, die wieder Mütter von Töchtern wurden, bis zum heutigen Tag. Die Muttergene der Mitochondrien sind aber noch in einem weiteren Sinn exklusiv: Während das Erbgut im Zellkern rund drei Milliarden Basenpaare umfasst, genügen für die Kraftwerke 16.000 Paare. Das ist - für genetische Maßstäbe - sehr übersichtlich.

Und weil die mtDNA langsam mutiert, kann man aus der Zahl der Unterschiede zwischen verschiedenen Personen herausrechnen, wie weit ihr gemeinsamer Ursprung zurückliegt. Cann, Stoneking und Wilson konnten regelrecht auszählen, wann die gemeinsame Mito-Mama ihrer 147 globalen Probanden gelebt haben musste. Und da kam es zur zweiten Sensation: Die Urmutter Eva war praktisch eine von uns. Die Biologen verorteten sie am Beginn einer Erbfolge, die nur 200.000 Jahre umfasst. Neuere Studien verkürzen die Zeit sogar auf 150.000 Jahre. Damit kann es sich bei Eva praktisch nicht um das Weibchen einer Vor- oder Frühmenschenart gehandelt haben, sondern um eine anatomisch moderne Menschenfrau. Unglaublich, aber doch irgendwie beruhigend – und zudem noch sehr romantisch!

Um aber jenseits der Romantik und bei den Fakten zu bleiben: Welchen Anteil die Gene und die persönliche Prägung auf unser Leben genau haben, ist bis heute wissenschaftlich nicht exakt bestimmbar. Fest steht, dass beides nachweislich erhebliche Auswirkungen auf uns und unsere zwischenmenschlichen Beziehungen hat.

Rolle rückwärts:
Haushaltssklavin
und
Opferlamm

Die Gottesmutter Maria prägt in der christlichen Kultur mit ihrem Heiligenschein unser Mutterbild von jeher. Sie liebte, litt, verzichtete. Und genau das wird bis heute von Müttern erwartet. Egal, wie emanzipiert sich heute alle geben: Von den Geschlechtsgenossinnen wird unterschwellig immer noch verlangt, dass sie sich für ihre Kinder aufopfern, eigene Wünsche und Vorstellungen bis zum Sankt-Nimmerleins-Tag verschieben. Am besten erst gar keine aufkommen lassen.

Als ich schwanger wurde, lebte ich zwar mit dem Vater zusammen, war aber unverheiratet. Ich arbeitete als Reporterin für eine Zeitschrift. Ein Kind war nicht eingeplant. Ich war Alleinverdienerin. Der werdende Vater probierte sich gerade als Künstler aus. Irgendwie, so war ich fest überzeugt, würde mir die Quadratur des Kreises schon gelingen: Kind, Job, Mann. Eine Großmutter war vor Ort. Allerdings ebenfalls berufstätig. Nach einer viel zu kurzen Babypause begann ich wieder zu arbeiten. Von irgendetwas musste ja diese kleine Familie leben. Es ging mit Hängen und Würgen. Große Auslandsreportagen konnte ich mir abschminken. Irgendwann verdiente auch der Künstler Geld, und wir konnten uns den Luxus eines Kindermädchens leisten. Ich fuhr wieder um die Welt, glücklich, dass es für mich außer Babywindeln und Breichenkochen noch andere, amüsantere Dinge zu tun gab.

Erscheint Ihnen das jetzt bösartig? Es ist einfach ehrlich. Ich war 28 Jahre alt und hatte gerade die ersten Erfolge in dem Job, den ich liebte. Und damit nicht der Verdacht der Rabenmutter aufkommt: Meine Tochter liebte ich ebenso!

Die in der Zwischenzeit geschlossene Ehe mit dem Vater meiner Tochter ging leider schief. Wir beide waren anscheinend noch nicht wirklich reif für das Abenteuer „Familie". Zeit zu trauern hatte ich nicht. Ein Schulkind, Job – für größere Egoismen war wenig Platz. Freunde halfen aus, wenn ich für Reportagen verreisen musste. Dass mir nicht die Puste ausging, verdanke ich dem Ratschlag meiner Freundin Judith: „Schaff dir Inseln!" Das tat ich.

Wenn mich ein Land sehr interessierte, hängte ich ein paar Tage an die Reportage dran. Ich lernte Menschen kennen, die mein Leben bereicherten. Berichtete ich zu Hause begeistert von meinen inspirierenden Begegnungen, gab es lediglich empörtes Kopfschütteln. Oder eine der Anwesenden seufzte theatralisch: „So gut möchte ich es auch mal haben!"

Unausgesprochen blieb der ständige stumme Vorwurf: Du musst dich mehr um deine Tochter kümmern. Andere Mütter sind vor Ort. Du bist zu oft irgendwo unterwegs in der Welt! Du versäumst die schönste Zeit mit deinem Kind!

Oft war ich wütend über diese für mich ungerechtfertigten Anschuldigungen. Weil ich ein Kind hatte, war ich plötzlich eine andere Person geworden? Dabei gab es doch nur diesen kleinen Menschen mehr in meinem Leben. Ich versuchte tagein, tagaus alles unter einen Hut zu bringen und hatte den Eindruck, dass mir dies auch meistens gelang. Allerdings beurteilte mich meine Umwelt nach völlig anderen Kriterien. Wenn es nach ihnen gegangen wäre, hätte ich alles aufgeben müssen, was mich ausmacht: meine Spontanität, meine Unabhängigkeit, meine Freiheit. Ich hätte einen braven Mann an meiner Seite haben sollen. Einen, der das Geld verdiente. Und zwar so viel, dass ich als Hausfrau und Mutter meine *wahre Bestimmung* leben konnte.

Natürlich habe ich sehr oft darüber nachgedacht. Aber wäre ich denn wirklich eine bessere Mutter gewesen, wenn ich mir einen langweiligen Bürojob gesucht hätte? Nein – ich wäre eine frustrierte Kuh geworden, die ihre *Frustration* an ihrer Tocher ausgelassen hätte. Indem ich hingegen tat, was ich liebte, konnten wir die Zeit, die ich anwesend war, unbelastet genießen. Und so wenig war es auch gar nicht. Meine Tochter schien das anders zu sehen. Empört eröffnete sie mir eines Tages, dass sie in ein Internat wolle. „Du hast ja nie Zeit für mich!", war ihre Begründung.

Ich fand ein Internat mit einem ausgezeichneten Ruf. Es lag in der Nähe von München. Sie konnte also jedes Wochenende, wenn sie wollte, nach Hause kommen. Die räumliche Entfernung, so glaubte ich anfangs, würde uns beiden guttun. Ich müsste nicht immerfort ein schlechtes Gewissen haben. Und sie konnte kommen, wann immer sie Lust auf ihre Mutter hatte.

Hin und wieder kam sie tatsächlich auf Stippvisite, tauchte aber sofort wieder ab: Freunde sehen, auf Konzerte oder ins Kino gehen. Manchmal, so erfuhr ich, war sie in München, ohne bei mir vorbeizuschauen. Ich war verletzt, machte aber kein Drama draus. Das wird sich schon wieder ändern, dachte ich.

Mal war unsere Mutter-Tochter-Beziehung inniger, mal distanzierter. Heute bin ich froh darüber, meine Wünsche und Vorstellungen nicht völlig aufgegeben zu haben. Für Mütter, die sich für ihre Kinder aufopfern und ihr eigenes Leben über Bord werfen, um fortan ausschließlich Mami zu sein, wird es früher oder später ein böses Erwachen geben. Der Tag wird kommen, da sie Dankbarkeit fordern. „Das alles habe ich für dich aufgegeben!", lautet Mamis Fazit. Und das stößt bei allen Sprösslingen der Welt auf wenig Gegenliebe. Zu Recht. Mütter machen so etwas freiwillig. Wenn ihr Leben dadurch weniger Erfüllung bietet, dürfen sie das niemand anderem anlasten.

Meine Erfahrung: Ein gesunder Egoismus verschafft einige Lichtstreifen mehr am Horizont. Erfüllte Mütter sind zufriedenere Mütter.

Es ist kein Geheimnis: Das Verhältnis zwischen Müttern und Töchtern ist nicht immer Zuckerschlecken. Im Gegenteil: Im Alltag tobt der Zickenkrieg, Neid und Rivalität vermiesen das traute Zusammenleben. Berufstätige Mütter stehen besonders oft im Kreuzfeuer.

Gerade „Karrierefrauen" werden von ihren Töchtern häufig mit Klagen bombardiert:

> „Wo warst du, als ich solchen Ärger in der
> Schule hatte?"
> „Wo warst du, als ich diesen Liebeskummer
> ertragen musste?"
> „Wo warst du, als ich ungewollt schwanger wurde?"
> „Warum bist du so reserviert zu meinen Freunden?"

„Warum zahlst du mir nicht den Flug nach Miami?
Bist du rein rechtlich nicht sogar dazu verpflichtet?"
„Warum darf ich nicht rauchen? Du tust es doch auch."
„Warum hast du nie Zeit für mich? Immer geht dein
doofer Job vor."

Das wird schon irgendwann werden, denken sich die Mütter in der renitenten Phase und schlucken ihren Frust herunter. Ist sie erst einmal außer Haus und übernimmt Verantwortung für ihr eigenes Leben, wird sie mich schon verstehen.

Die Mutter bleibt weiterhin die Klagemauer und wird für alles haftbar gemacht, was im Leben der Tochter schiefgeht.

„Hast *du* mir nicht dieses Studium eingeredet?"
(Hat sie nicht, aber gerne gibt sie den Sündenbock.)
„Hast du nicht ewig auf meinem Typen rumgehackt?"
(Hat sie tatsächlich. Und sie war empört, als die
Tochter den Kerl aus purem Trotz geheiratet hat.)

Was früher als Generationenvertrag gedacht war, scheint heute wohl vergessen. Müssen Mütter immer nützlich sein, die Kinder hüten, Geld beisteuern oder die Kochmamsell spielen? Und wenn sie Pech haben, werden sie den Enkeln als Rabenmütter geschildert.

Wie man damit umgeht? Schwierig - eine Patentlösung gibt es dafür nicht!

Mütter-Töchter-Dramen:
Fälle
für
die Couch?

Das krasseste Beispiel einer schlecht funktionierenden Mutter-Tochter-Beziehung erzählt der griechische Dichter Sophokles in seinem Drama *Elektra*. Elektra ist eine ungewöhnliche Figur: Sie ist kein bemitleidenswertes Opfer, keine strahlende Heldin und auch kein verachtenswerter Bösewicht. Verbittert trauert Elektra um ihren Vater Agamemnon, der nach seiner Rückkehr aus dem Trojanischen Krieg von ihrer eigenen Mutter Klytaimnestra und deren Liebhaber Aigisthos heimtückisch erschlagen worden war. Aus Liebe zu ihrem Vater und aus Hass gegen ihre Mutter stiftet sie ihren jüngeren Bruder Orest zum Muttermord an. Zeit ihres Lebens schleppt Elektra das Trauma einer missglückten Mutter-Tochter-Beziehung mit sich herum. Sie ist zu keiner Beziehung mit einem Mann fähig.

Für die holländische Psychoanalytikerin Hendrika C. Halberstadt-Freud ist die Figur der Elektra die Verkörperung all dessen, was das Drama der immer schwierigen Mutter-Tochter-Beziehung ausmacht. Die heranwachsenden Töchter müssen sich ausprobieren, sich vom Vorbild der Mutter und aus der engen Umklammerung lösen, um erwachsen zu werden – und dafür brauchen sie Platz. Töchter müssen laut Halberstadt-Freud den Weg finden zwischen zwei Polen: der Identifikation und Symbiose mit der Mutter einerseits und Ablehnung oder Hass andererseits. Die Mutter dient als weibliches Vorbild, von dem sich die Tochter zugleich aber abgrenzen muss, um ihren eigenen Weg zum Frausein zu finden. Dass eine solche Gemengelage fast zwangsläufig zu Konflikten führt, dürfte nicht weiter erstaunen.

Verabschieden Sie sich also um Himmels willen von dem Anspruch, dass Töchter ihre Mütter bedingungslos lieben müssen. Vielleicht sind sie dazu gar nicht in der Lage. Und verweigern Sie sich umgekehrt nicht der Realität. Sehen Sie Ihre Mutter als die Person, die sie ist, und nicht die, die sie Ihrer Meinung nach sein sollte. Gestehen Sie sich alle Gefühle, die Sie Ihrer Mutter gegenüber empfinden, ein. Das kann von Zuneigung über Zorn und Traurigkeit bis hin zum Hass reichen. So ein Eingeständnis lindert oft den quälenden Schmerz, den viele Töchter gegenüber ihren Müttern verspüren! Denn diese Erkenntnis befreit ungeheuer. Die Einsicht schärft den Blick für die guten Seiten der Mutter, die bei all den Querelen leicht übersehen werden. Oft wagen es Töchter nicht, über ihre wahren Gefühle offen zu sprechen. Wut und Enttäuschung über das Verhalten der Mutter werden auf andere Personen verlagert. Gleichzeitig wird im Gegenzug nicht selten der Vater idealisiert, der sich in dieser Rolle zunächst geschmeichelt fühlt. Die Kehrseite ist, dass dieser hochgelobte Vater irgendwann ungewollt zum Konkurrenten eines Mannes oder Freundes der Tochter werden kann.

Die amerikanische Psychologin Susan Forward veranschaulicht das Problem folgendermaßen: „Eines meiner Psychologielehrbücher enthielt eine Reihe von Illustrationen, wie Menschen Gefühle verlagern, besonders aber Wut. Das erste Bild zeigt einen Mann, der von seinem Chef angeschrien wird. Offensichtlich wagt der Mann nicht zurückzubrüllen. Das zweite Bild, wie er seine Wut verlagert und seine Frau fertigmacht. Das dritte, wie die Frau die Kinder niederbrüllt. Die Kinder treten den Hund. Der Hund beißt die Katze!"

Das ist natürlich plakativ dargestellt, in vielen Fällen kommt es der Realität aber sehr nahe. Töchter legen bei ihren eigenen Kindern oft ein ähnliches Verhalten an den Tag, wie sie es bei ihren Müttern erlebt haben. Aus dieser Abfolge herauszufinden, wird nur derjenigen glücken, die den Mut aufbringt, ihre Mutter mit deren Fehlern zu akzeptieren oder noch besser: zu konfrontieren. Es bringt gar nichts, sich aneinander vorbeizuschummeln. Weder für die Mutter noch für die Tochter. Wut oder Lügen werden nicht aus der Welt geschafft, indem man sie unter den Teppich kehrt. Aussitzen kann nie eine gute Lösung sein!

Natürlich gehört Mut dazu zu sagen: „Lass uns über all das, was schiefläuft, reden. Lass uns versuchen, nicht aus der Haut zu fahren, uns nicht gegenseitig zu beleidigen und möglichst sachlich zu bleiben."

Entfremdung und Versöhnung

Barbara (34) war das, was man ein *Papakind* nennt. Der Vater erfüllte ihr jeden Wunsch. Er tröstete sie, wenn sie traurig war. Er verstand, dass sie nicht in die Schule gehen wollte, weil es da ein paar Mädchen gab, die sie mobbten. Ihre Mutter fand, dass sie sich wehren sollte. Dass sie auf die Mitschülerinnen positiv zugehen sollte.

„Kann ich nicht, will ich nicht!", sträubte sich Barbara.

Der Vater hingegen ging zur Direktorin und beschwerte sich. „Er hat wenigstens etwas unternommen!", sagte Barbara zu ihrer Mutter.

„Ich hätte es allerdings besser gefunden, wenn du mit deinen Klassenkameradinnen geredet hättest", meinte diese.

In Barbara entstand langsam das Gefühl: Meine Mutter mag mich nicht. Sie steht nie auf meiner Seite! Dass dieses Gefühl falsch war, begriff Barbara nicht. Dass ihre Mutter nur wollte, dass sie selbst die Initiative ergriff, dass sie lernte, sich zu wehren, und nicht immer nur den Vater vorschickte. Die Entfremdung zu ihrer Mutter wuchs von Jahr zu Jahr. Beide waren mit diesem Zustand unglücklich und fanden keinen Ausweg aus der Emotionsfalle. Aus der Entfremdung wurde bei Barbara schließlich Enttäuschung, dann Wut.

Aber auch die Mutter zog sich zurück. Das ungute Verhältnis schleppte sich über Jahre hin. Barbara war inzwischen in eine andere Stadt gezogen und arbeitete erfolgreich als Übersetzerin. Nach Hause kam sie nur an Weihnachten. Das allerdings auch nur widerwillig. Ihr Vater war schon Jahre zuvor bei einem Autounfall gestorben.

Dann wurde die Mutter krank. Sie schrieb nicht, was genau ihr fehlte. Nur: „Bitte lass uns reden."

Ziemlich unwillig flog Barbara über ein Wochenende nach Hause. Eigentlich hatte sie vorgehabt, mit ihrem Freund zu dessen Eltern zu fahren. Sie hatte sich sogar schon diverse Ausreden zurechtgelegt, um ihre Mutter nicht sehen zu müssen. „Aber ich hatte ein seltsames Gefühl. Der Brief meiner Mutter war so anders als alle ihre Briefe zuvor!"

Das gemeinsame Wochenende wurde zum Wendepunkt in ihrer Mutter-Tochter-Beziehung. Endlich sprachen sie miteinander. Barbara beschrieb, wie sie ihre Mutter empfunden hatte all die Jahre, als sie noch im Elternhaus gelebt hatte: gleichgültig, nie wirklich auf sie eingehend. Dass sie sich deshalb so an den Vater geklammert hatte. Dass sie sich ungeliebt fühlte. Und dass sie nur noch wegwollte, als der Vater starb, so weit weg wie möglich.

„All das habe ich gespürt", entgegnete die Mutter. „Das hat mich viel Kraft gekostet. Die Ehe mit deinem Vater war nicht glücklich. Unsere Eltern hatten sie arrangiert. Als du auf die Welt kamst, glaubte ich, dass sich alles ändern würde. Aber dein Vater kümmerte sich nur um dich. Ich war die nützliche Idiotin. Er tat alles, um mich vor dir schlecht aussehen zu lassen. Und er hat ganze Arbeit geleistet. Ich hätte dich nicht aufgeben dürfen. Das war ein schwerer Fehler. Ich hätte um deine Liebe kämpfen müssen. Aber ich fand nicht mehr aus meiner Isolation heraus. Ich glaubte, wenn du erwachsen bist, könnten wir endlich miteinander sprechen. Dann starb dein Vater. Und es war für mich, als ob die Tür zu dir nun endgültig geschlossen war!"

Als Barbara sich am Sonntagabend von ihrer Mutter verabschiedete, versprach sie, ein Mal im Monat nach Hause zu kommen. Ihre Mutter lachte unter Tränen. „Musst ja nicht gleich übertreiben!"

Barbaras Mutter hatte Brustkrebs, der geheilt wurde. Vor einem Jahr ist sie in die Stadt gezogen, in der ihre Tochter lebt. Barbara hatte sie darum gebeten. „Wir haben doch so viel nachzuholen!", sagte sie.

Einander zuhören und sich aussprechen

Mein Tipp für alle Mütter: Lassen Sie es erst gar nicht zu so einer verfahrenen Situation kommen. Hören Sie genau zu, wenn Ihre Tochter über gemeinsame Erlebnisse der Vergangenheit mit Ihnen spricht – immer und immer wieder. Und erlauben Sie neben Ihrer eigenen eine zweite Wahrheit.

Akzeptieren Sie, dass Ihre Tochter Situationen und Auseinandersetzungen vielleicht ganz anders erlebt hat als Sie selbst. Auch wenn's schwerfällt: Geben Sie Fehler zu und sagen Sie zu Ihrer Tochter: „Mir war nicht bewusst, was ich getan habe. Ich habe es nie böse gemeint und es auch nicht besser gewusst."

Wie bei allen zwischenmenschlichen Scharmützeln ist es immer besser, sich selbst zu hinterfragen, statt sich in blinden Vorwürfen zu ergehen. Wenn sich Ihre Tochter kaum bei Ihnen blicken lässt, fragen Sie sich ehrlich, was Ihr Anteil daran ist. Auch wenn's wehtut. Vielleicht neigen Sie dazu, sie zu stark zu kritisieren? Oder sie mit gut gemeinten, aber unerwünschten Ratschlägen zu überschütten? Bedenken Sie: In zwischenmenschlichen Konflikten gibt es kaum den einen, alleinigen Schuldigen.

Rabenmütter,
Rabentöchter

Familien sind ein fruchtbarer Nährboden für jegliche Art von giftigen Keimen. Hier gedeihen Missgunst, Neid, Selbstüberschätzung, Rücksichtslosigkeit und Hass auf das Prächtigste. In diesem Biotop der negativen Gefühle wird gelogen und getrickst, bis es zu eruptiven Ausbrüchen kommt. Eines der schwierigsten Verhältnisse in diesen unheiligen Banden, wir haben es schon gesehen, ist das zwischen Müttern und ihren Töchtern. Wo harmonische Eintracht herrschen könnte, ist oft Unverständnis und Zwietracht. Mütter, so will es unser tradiertes Familienverständnis, haben die sorgenden, alles verzeihenden und selbstlosen Sklavinnen im Leben ihrer Töchter und Söhne zu sein.

Der Begriff von der *Rabenmutter,* der Frau, die zwar der Tochter das Leben schenkte, sonst aber eine veritable Versagerin ist, wird nicht nur von Laien, sondern auch von Familientherapeuten sorgsam gepflegt. Sie behaupten, dass häufig die Mutter schuld ist, wenn es in den Beziehungen der Tochter nicht klappt. Oder ihr übersteigerter Ehrgeiz hat aus der Tochter eine berufliche Niete gemacht. Der Mutter wird alles, was bei der Tochter schiefläuft, angelastet.

Doch wie ist es wirklich? Meinen Erfahrungen und Recherchen nach lieben die allermeisten Mütter ihre Töchter. Sie hätscheln, trösten und ermutigen sie bis weit in deren Erwachsenenleben hinein. Doch lieben die Töchter auch ihre Mütter? Wertschätzen sie deren Fürsorge, Verständnis und die Bereitschaft, immer für sie da zu sein? Da kann man berechtigte Zweifel haben. Deshalb erlaube ich mir die Frage: Gibt es nicht auch *Rabentöchter?*

Regina W. (59) ist Autorin und für diverse Buch- und Filmprojekte viel unterwegs. Ihre erwachsene Tochter Kathy hat – vor allem aus Reginas Sicht – wenig von Mutters guten Gaben mitbekommen. Sie sagte mal ironisch: „Nachdem Kathy wenig von ihrem klugen, erfolgreichen Vater hat und von mir rein gar nichts, frage ich mich, ob sie nach der Geburt im Krankenhaus vielleicht vertauscht worden ist." Kathy flog aus vier Internaten. Jedes Mal hinterließ sie ein Chaos, das ihrer Mutter in Rechnung gestellt wurde. Kurz vor dem fünften Mal sprach Regina ein Machtwort: „Genug! Du kommst nach Hause und suchst dir selbst ein Gymnasium deiner Wahl."

Das klappte zwar, aber nun saß der maulende Teenie zu Hause und beschwerte sich andauernd über sein „Sklavenleben". „Wieso muss ich immer so früh zu Hause sein? Wieso muss ich es anmelden, wenn Freunde über Nacht bleiben? Wieso ..."

Mit Engelsgeduld erklärte Regina ihr die normalen Regeln des familiären Zusammenlebens. Natürlich erfuhr sie von der Haushälterin, wenn Kathy wieder mal Party machte, das Weinregal geleert wurde, selbst im Bett der Mutter Freunde ihrer Tochter schliefen. Wahrscheinlich war es ein Fehler, dass sie nicht sofort mit Kathy sprach. In den Ferien verreisten alle Freundinnen. Eine von ihnen, Rebecca, war die Tochter eines vermögenden Mannes. Sie flog zu ihrer Großmutter nach Mexiko und hatte Kathy eingeladen mitzukommen. Rebecca flog First Class.

Kathy: „Ich will auch First fliegen."

Regina: „Träum weiter. Du kannst die Ferien gern mit deiner Freundin verbringen, aber mehr als ein Economy-Ticket ist nicht drin. Ich fliege auch nicht First."

Kathy: „Wie geizig du bist. Du hast mich doch selbst in diesem Luxus erzogen. Das bist du mir schuldig. Wie stehe ich jetzt bei meiner Freundin und deren Eltern da?"

Regina: „Ein Ticket in der Touristenklasse, oder du machst Ferien zu Hause!"

Als Kathy aus Mexiko zurückkam, maulte sie, wie langweilig und spießig die Ferien gewesen seien. „Wo die Leute doch so viel Kohle haben."

Vor ein paar Jahren musste Regina, als sie in Australien für eine TV-Serie recherchierte, wegen eines schweren Unfalls für einen Monat in ein Krankenhaus. Da sie eine Auslandskrankenversicherung abgeschlossen hatte, gab es in Melbourne keine Schwierigkeiten mit den australischen Krankenhauskosten. Für etwaige Rechnungen hatte sie Kathy zu Hause alle Vollmachten über das Bankkonto gegeben.

Die Überraschung bei ihrer Rückkehr war groß. Ihre Tochter hatte das Girokonto leer geräumt. Nicht nur die Kranken- und die

Lebensversicherung, auch alle anderen monatlichen Ausgaben waren nicht bezahlt. Regina tobte. Kathy spielte die gekränkte Unschuld. „Hat nicht dein Anwalt auch eine Bankvollmacht? Kreisch den doch an!"

Weil Kathy Reginas Unterschrift auf den Schecks nicht sonderlich geschickt gefälscht hatte, ließ sich zweifelsfrei feststellen, wer da am Werk gewesen war. Sie leugnete selbst dann noch, als klar war, was sie angerichtet hatte. „Die Stimmung hier ist unerträglich", sagte sie schnippisch zu ihrer Mutter. Sie zog aus. Regina hörte über ein Jahr nichts von ihrer Tochter. Durch deren Freunde erfuhr sie, dass ihr Früchtchen bei einer Freundin in Berlin lebte und in einer Bar jobbte.

Das ist jetzt viele Jahre her. Reginas Repertoire an Ungeheuerlichkeiten in Bezug auf ihr Fräulein Tochter ist unerschöpflich. Immer wieder versuchte sie, die Wogen zu glätten. Traurig erzählte sie mir: „Das ist mir nie für längere Zeit gelungen. Aber ich bin die ewigen Lügen und Zickereien leid und halte Abstand."

Womit der Beweis erbracht wäre. Es gibt sie: ein klarer Fall von *Rabentochter*.

Grabenkämpfe ohne Sieger

Oft kommen sich Mütter wie Sparringspartner vor, an denen sich ihre Töchter für den ultimativen Lebenskampf abreagieren.

Die tradierte Frauenrolle geht so:

Kinder – je mehr desto besser.

Küche – den Lieben soll es rundherum gut gehen.

Kirche – ein gottgefälliges Leben erhöht die Achtung in der Gemeinde.

Das trostlose Leben mit den berühmten drei K's: Man sollte meinen, dieses Urzeitmodell sei längst ausgestorben. Ist es aber nicht. Mütter, die nach dem überholten KKK-Prinzip leben, gibt es immer noch – doch zum Glück werden sie seltener. Wenn Mama aber noch einer dieser sich aufopfernden, selbst verleugnenden Dinosaurier ist, wird sie von der heranwachsenden Tochter garantiert als peinlich, spießig und klammernd abqualifiziert. Als eine Unperson, die keine Ahnung davon hat, wie das heutige hippe Dasein so abläuft. Sie wird in die Dunkelkammer gestellt und nur dann herausgeholt, wenn sie zu Dienstleistungen benötigt wird.

Moderne junge Mütter haben andere Präferenzen. Ihre drei K's lauten:

Kinder – ja, aber erst, wenn K-2 erfüllt ist.

Karriere – weil sie sich zutraut, mehr als nur das häusliche Aschenputtel zu sein, und auch den Beweis dafür antritt.

Kerle – weil Sex einfach Spaß macht.

Die Klagen älterer Mütter über diesen weiblichen Nachwuchs sind:

„Sie ist karrieregeil und hat keine Zeit für mich."

„Sie ist egoistisch und macht nur, was ihr Spaß bereitet."

„Mit Geld und Geschenken versucht sie, ihr schlechtes Gewissen zu betäuben."

„Peinlich, dass sie schon wieder einen anderen Kerl hat. Dazu noch einen, der ihr Vater sein könnte."

Wenn diesen Töchtern klar wird, dass sie nicht mehr das Nonplusultra im Leben ihrer Mütter sind, beginnen sie oft demonstrativ, gegen diese zu arbeiten. Wie bitte, Mama klammert nicht mehr, sondern gesteht sich die gleichen Freiheiten zu wie ich mir selbst? Das ist ja ein starkes Stück. Und so werden die ehemals niedlichen Küken zu Anklägerinnen, die ihre Mütter als krasse Egoistinnen brandmarken. Als rücksichtslose Rabenmütter, die, anstatt sich tagein, tagaus um ihre Brut zu kümmern, wie selbstverständlich ihr eigenes Leben führen. Erschreckt stehen die Mütter vor einem Katalog von Anschuldigungen. Ist die Mutter selbst erfolgreich und attraktiv, schleichen sich noch Neid und Rivalität in die ohnehin brüchige Mutter-Tochter-Beziehung. Und Alleinerziehende werden später garantiert für das Scheitern der Ehe sowie die emotionalen Defizite der Tochter durch den fehlenden Vater verantwortlich gemacht. An den „zwangsläufigen" Beziehungsdesastern der Tochter ist selbstverständlich daher auch die Mutter schuld. Psychische Schäden sind schließlich immer die direkte Folge mütterlichen Versagens. „Mama, mein Therapeut hat gesagt ..." (Himmel, wie oft hätte sich Mama früher selbst gern auf die Couch gelegt. Ich sag nur: Pubertät.)

Dabei wünschen sich doch so gut wie alle Mütter eine friedliche Koexistenz mit ihren Töchtern. Erschreckend, wie selten das anscheinend möglich ist. Auch das ergaben meine Recherchen: Die Hoffnung der Mütter, dass sich das angespannte Verhältnis normalisiert, wenn die Töchter aus dem Haus sind, erweist sich meist als falsch. Aus den meisten Müttern und Töchtern wird auch später kein Traumgespann mehr.

Traumduos statt Streithennen

Um nicht nur Schwarz in Schwarz zu malen: Es gibt auch andere Beispiele. Etwa das von Jessica (25). Sie hat, als die Firma ihrer Mutter vor der Insolvenz stand, mit dem gesamten, beträchtlichen Erbe der Großmutter für die Mutter gebürgt. Das Vermögen

war eigentlich als Sicherheit für Jessicas Ausbildung gedacht. „Scheiß drauf", sagte sie. „Mami hat so für ihren Traum geschuftet. Sie braucht das Geld mehr als ich. Ich kann ja auch mal die Ärmel hochkrempeln!"

Nach einem guten Jahr hatte Helene (44), Jessicas Mutter, es geschafft. Und wieder war die Tochter für sie da. „Mami ist an ihre Grenzen gegangen. Sie muss sich erholen! Es ist noch genügend Kohle da, dass wir einen Geschäftsführer einstellen können. Zumindest so lange, bis sie wieder fit ist!"

Marie (29), Tierärztin, ist früh von zu Hause ausgezogen. Probleme mit dem Stiefvater. Sie studierte in Amerika, kam zurück und erhielt mit ihren hervorragenden Abschlüssen einen Job an einer renommierten Tierklinik. Ihre Mutter hatte zwar all die Jahre Kontakt zu ihr gehalten, aber besonders innig war dieser nicht. Marie lebt in München, ihre Mutter in Hamburg. Durch einen Zufall erfuhr Marie von einer schweren Erkrankung ihrer Mutter. Diese musste seit längerer Zeit zur Dialyse und brauchte eine neue Niere. Zwar stand sie auf der Transplantationsliste ziemlich weit oben, aber ihr Zustand wurde immer bedenklicher. Marie überlegte nicht lange. Sie ließ sich testen und spendete eine Niere. Beiden geht es gut. Maries Niere funktionierte bei der Mutter. Als diese sich bei Marie bedankte, lachte Marie: „Erst war ich ein Teil von dir. Jetzt bist du auch einer von mir!"

Viel treffender kann man es eigentlich nicht sagen. Auch Maries Stiefvater, den sie zuvor immer bekämpft hatte, wurde von ihr nach vielen Jahren als Ersatzvater akzeptiert.

Es geht also auch anders im Tochter-Mutter-Debakel. Vielleicht sollten sich die ewigen Streithennen darüber klar werden, was im Leben wirklich zählt ... Wobei natürlich auch gesagt werden muss, dass so ein partnerschaftliches Verhalten in der Mutter-Tochter-Beziehung meist nur aus einem einigermaßen gesunden Verhältnis hervorgeht. Aus einem Verhältnis, das

auf einer Basis von freiwilligem Geben und Nehmen
fußt, in dem ein Grundvertrauen noch vorhanden ist.
Wer aber lieber weiterhin mit dem Kriegsbeil arbeitet, dem sei dieser weise Ausspruch von Khalil Gibran,
dem arabischen Philosophen, ans Herz gelegt: „Halse
deine Tochter einem Mann auf, und du hast dich von
einer Plage befreit."

Miserable Beziehungen
im
Licht der
Öffentlichkeit

Wenn in „normalen" Familien die Emotionen zwischen Müttern und Töchtern hochkochen, haben die Beteiligten die Möglichkeit, nichts nach außen dringen zu lassen. Das haben Prominente oft nicht. Ihre Familienverhältnisse sind der Neugier einer sensationslüsternen Menge von Fans oder Neidern ausgeliefert. Prominente Zeitgenossen haben Geheimnisse, wie es sie zwar in allen Familien gibt, nur sind die eben spannender. Der Promi – und auch das weiß die Klatschpresse – geht zum Therapeuten, denn da ist er sicher, dass seine Nöte in der Praxis bleiben.

Doris Lessing – das Erbe einer kalten Mutter

Manchmal aber schreiben sich Berühmtheiten ihre Kümmernisse auch von der Seele. Die Literaturnobelpreisträgerin Doris Lessing (1919–2013) tat das in ihrem Buch *Das Leben meiner Mutter*. Lessing war 66 Jahre alt, als sie sich 1985 zu diesem Buch entschloss. Sie schildert darin das Leben der Familie in den Dreißigerjahren in Südrhodesien, heute Simbabwe. Der Vater war Angestellter bei der Imperial Bank of Persia. Die Mutter Krankenschwester mit dem Drang zu Höherem. Eine Frau, die mit ihrem Leben nicht zufrieden war. Die glaubte, auf Grund ihrer englischen Herkunft im südlichen Afrika zu einer Gesellschaft zu gehören, deren Türen ihr in England verschlossen geblieben wären. Die Familie besaß viel Grund, verbunden mit der Erwartung, auf der sozialen Leiter stetig nach oben zu klettern. Doch das war eine Fehleinschätzung. Der Grund und Boden, den Vater Lessing erworben hatte, war nichts wert. Vom erträumten Reichtum und Aufstieg keine Spur. Und so blieben sie das, was sie waren: *Middle Class*.

Mit vierzehn Jahren brach Lessing die Schule, ein strenges katholisches Institut, ab und arbeitete erst als Kindermädchen und dann als Sekretärin. Lessing hat ihre Mutter in ihrer Kindheit und Jugend – und noch weit ins Erwachsenenalter hinein – gehasst. Sie fühlte sich von deren emotionaler Erpressung ausgesaugt und von der gängelnden Fürsorge bedroht.

In ihrem autobiografischen Buch erzählt Doris Lessing mit großer Offenheit von den gegenseitigen Verletzungen. Von der egozentrischen, herrschsüchtigen Art ihrer Mutter. „Mein Leben beherrschte nur ein Wunsch: niemals so zu werden wie meine Mutter!" Aber sie schont auch sich selbst nicht: Doris Lessing war ein schwieriges Kind und teilte als Heranwachsende kräftig aus. Mutter und Tochter waren zwei eigenwillige Frauen, die sich nichts schenkten. Die Mutter, selbst in einer lieblosen Familie aufgewachsen, war nicht imstande, ihrer Tochter das Gefühl von Geborgenheit zu vermitteln. Die Tochter wiederum war widerspenstig und anklagend. In ihrem Buch heißt es: „Ich kann mir niemand Ungeeigneteren vorstellen als mich, um ihr (der Mutter) zu gefallen!" Und über die desillusionierte, negative Haltung der Mutter schreibt sie: „Sie litt unter jener weitverbreiteten Krankheit des mittleren Lebensalters und hatte das Gefühl, alles glitte ihr durch die Hände."

Auch Doris Lessing selbst war alles andere als das, was man sich damals landläufig unter einer guten Mutter vorstellte. Aus ihrer ersten Ehe hatte sie zwei Kinder. Einen Sohn und eine Tochter. Sie kümmerte sich kaum um die beiden Kinder. Die Ehe wurde 1943 geschieden. Die Kinder blieben beim Vater. Kommentar Lessing: „Es gibt nichts Langweiligeres für eine intelligente Frau, als endlos Zeit mit kleinen Kindern zu verbringen. Ich merkte schnell, dass ich nicht die erste Wahl für Kindererziehung war." Sie war sich sicher, dass sie, hätte sie nichts geändert, wie ihre Mutter als Alkoholikerin oder frustrierte Intellektuelle geendet wäre.

Im Jahr 1945 heiratete Doris den Deutschen Gottfried Lessing und bekam ein drittes Kind, einen weiteren Sohn, Peter. Nach der Scheidung von Gottfried Lessing verließ sie 1949 mit dem zweijährigen Peter Rhodesien. „Ich wollte schreiben. Meine Karriere ging vor. Ich konnte meine Zeit nicht länger in diesem Land (Rhodesien) vertrödeln!"

Peter Lessing blieb zeit seines Lebens bei seiner Mutter. Er war an ihrer Seite, als sie 2007 in Stockholm den Literaturnobelpreis verliehen bekam. Im Gegensatz zu ihren ersten beiden Kindern kümmerte sich Doris Lessing während ihres ganzen

Lebens um ihn. Er starb an Diabetes, drei Wochen vor seiner Mutter im Oktober 2013.

Marlene Dietrich – die Demontage einer Legende

Maria Riva, die Tochter Marlene Dietrichs, nannte ihre Mutter weder Mami noch Marlene. Wenn Riva über ihre Mutter spricht, sagt sie kurz und knapp „Dietrich". Für sie war die Frau, die sie zur Welt gebracht hatte, nichts als ein Produkt. „Sie war kein menschliches Wesen, keine Mutter, keine Ehefrau, sie war ein von ihr selbst und ihrem Regisseur Josef von Sternheim geschaffenes Produkt. Als dieses Produkt vom Markt verschwand, war es mit ihr auch vorbei." So illusionslos und unbarmherzig beschreibt Maria Riva in ihrem Buch *Meine Mutter Marlene* das Leinwandidol der Dreißiger- bis Sechzigerjahre. Und fügt noch hinzu: „Die Kinder der Queen sagen ja auch nicht Mami, sondern Ma'am."

Die haarsträubenden Storys, die sie in ihrem 900-Seiten-Wälzer erzählt, handeln von einer narzisstischen Frau, in deren Weltbild sich alles nur um sie zu drehen hatte. Über die Fähigkeit ihrer Mutter, Empathie oder Liebe zu empfinden, sagt sie: „Ich wusste, dass Dietrich eine Kohlroulade mit der gleichen Leidenschaft wie einen Mann oder eine Frau lieben konnte."

Ihre Einsamkeit als Kind hat Maria Riva psychisch stark belastet. Sie hatte keine gleichaltrigen Spielgefährten, ist nie in eine Schule gegangen und war nur von Erwachsenen umgeben. „Die wechselnden Liebhaber meiner Mutter waren meine Freunde!"

Als ein lesbisches, von Marlene engagiertes Kindermädchen die 13-Jährige missbrauchte, lief Maria weinend zu ihrer Mutter. Die hob nur die Schultern und sagte: „Well, du hast es doch überstanden, oder? Es hat dich doch nicht umgebracht. Finde dich damit ab."

Maria, die hübsch war, aber keine Schönheit wie ihre legendäre Mutter, hat früh gelernt, sich selbst zurückzustufen. „Wenn man in einer Welt lebt, in der Perfektion die Norm ist, dann ist man

selbst nichts wert. Und wenn man eine Mutter hat – wir nannten sie *mein Führer* –, die abschätzend sagt: ‚Aristokraten haben schmale Fesseln, aber du hast die Fesseln deines Vaters geerbt', dann wird sich kaum ein gesundes Selbstbewusstsein entwickeln."

Wie sich Riva erinnerte, sprach ihre Mutter nie von „meiner Tochter" oder „Maria". Für sie war das kleine Mädchen nur: das Kind. Unwichtig im Leben der großartigen Marlene Dietrich, dem Weltstar! „Das Kind" muss, „das Kind" hat zu gehorchen, nicht zu jammern, und Wünsche wurden „dem Kind" je nach Laune der Mutter erfüllt oder auch nicht. Viele dieser Grausamkeiten schluckte Dietrichs Tochter. Sie hatte immer das Gefühl, neben Marlene kaum Luft zum Atmen zu haben.

Seltsamerweise konnte sich Maria Riva, die klug und begabt war, nicht aus dieser fatalen Beziehung lösen. Sie hatte noch zu Lebzeiten von Marlene Dietrich eigene Erfolge als Schauspielerin und Regisseurin. Nicht nur, dass die Mutter das geflissentlich übersah. Sie selbst wusste es nicht zu schätzen.

Maria führte Tagebuch. Schrieb auf, was sie quälte. Erinnerte sich, wie sehr sie litt, als Marlene Dietrich sie mit fünf Jahren nach Amerika holte. Weg von ihrem geliebten Vater Rudolf Siebert, dem lebenslangen Ehemann der Dietrich, und dessen Geliebter Tamara Matul. Tami, wie Maria sie nannte, gab ihr all das, was ihre Mutter ihr ein Leben lang versagte: Liebe und Wärme. Wenn „Dietrich" über die Geliebte ihres Ehemannes herzog, schämte sich Maria für sie. Maria wusste, wie loyal Tamara Mutal im Gegensatz zu ihrer Mutter war. Es war ihr schon als kleinem Kind klar, dass die Ehe ihrer Eltern seit vielen Jahren nur noch auf dem Papier bestand.

Für die Fünfjährige wurde Hollywood im Haus ihrer Mutter zu einem Alptraum. Noch nicht volljährig flüchtete sie schließlich nach New York. Aber sie kehrte zurück nach Hollywood – und zur Mutter! Als Maria in zweiter Ehe den Bühnenbildner William Riva heiratete, lebte sie mit ihrer Familie wiederum in New York. Erneut weit weg von der fordernden Mutter. Mit Riva bekam sie vier Söhne, die später alle etwas mit Theater oder Bühne zu tun hatten. Von ihrer Mutter allerdings kam sie dennoch nicht los.

Als Marlene Dietrich 1975 betrunken in den Bühnengraben des *Her Majesty's Theatre* in Sydney stürzte und sich schwer verletzte, war das sowohl das Ende ihrer Karriere als auch ihres öffentlichen Lebens. Nach acht Monaten in einem Krankenhaus in New York kehrte sie in ihre Wohnung nach Paris zurück. Sie verließ diese bis zu ihrem Tod nicht mehr. Einzig das Telefon verband sie noch mit der Außenwelt. Mit ihren Anrufen terrorisierte sie nicht nur ihre Familie.

Kein gutes Wort für ihre Tochter Maria. Sie rief an, wenn es ihr langweilig wurde, erteilte Aufträge, die eigentlich Befehle waren. Riefen Freunde Marlene Dietrich in der Wohnung Paris Avenue Montaigne 12 an, gab sie sich meistens als ihre Haushälterin aus: Madame ist auf dem Weg nach London, nach Rom oder sonstwo auf der Welt. Viele durchschauten diese Spielchen und riefen nie wieder an. Die Greisin, inzwischen Vollalkoholikerin und meistens unter Drogen, verwahrloste in den 13 Jahren in ihrer Gruft. Sie stand nicht mehr auf. Hatte alles um ihr Bett versammelt. Hygiene war ein Fremdwort für sie geworden.

Maria Riva, die regelmäßig Kontakt zu Marlene hielt, war entsetzt, als sie die Mutter besuchte. „Sie urinierte in eine kostbare Karaffe neben ihrem Bett und leerte den Darm in eine Kasserolle, die ebenfalls neben dem Bett stand. Es war ekelhaft." Dennoch kümmerte sich Maria um die Mutter. Erledigte alle geschäftlichen Dinge für sie und kam, wann immer Marlene nach ihr rief. Maria Riva hatte begonnen, ein Buch über die Mutter und ihre Beziehung zu ihr zu schreiben.

Am 6. Mai 1992 starb Marlene Dietrich einsam und verwahrlost in ihrer Luxuswohnung. Maria hielt sich nicht an den Wunsch ihrer Mutter, nie mehr nach Deutschland zurückkehren zu wollen. Auch nicht nach dem Tod. Sie beerdigte ihre Mutter im Grab der Großmutter in Berlin. Am 1. Januar desselben Jahres war Maria Rivas Buch *Meine Mutter Marlene* erschienen. Eine Abrechnung, die viele Fans Maria Riva übel nahmen. „Das ist kein Erinnerungsbuch, das ist ein Pamphlet, eine Abrechnung!", schrieb eine Kritikerin. Aber kann man das einer Tochter verübeln, die ihr gesamtes Leben von der Mutter beherrscht wurde?

Maria Riva, heute 94 Jahre alt, ist mit sich im Reinen. Ihr eigenes Buch ist kein Welterfolg geworden, wohl aber das einfach dahingeschriebene Fragment, das ihre Mutter als Notizen in einer

Kladde zurückgelassen hatte und das Maria Riva bearbeitete. Es heißt *Nachtgedanken* und wurde ein Weltbestseller. Sogar diese Schmach musste Maria Riva noch hinnehmen.

Der Fall Vera Brühne – infame Lüge als Racheakt?

Der Mordprozess um Vera Brühne war eine Sensation. Vor dem Münchner Justizpalast drängten sich die Zuschauer. Angeklagt war eine schillernde Frau aus großbürgerlichem Hause. Eine, die auf Konventionen pfiff und das spießige Publikum mit ihrem Lebenswandel schockierte. Es ist auch die unbegreifliche Story einer Tochter, die aussagte, ihre Mutter hätte ihr diese Tat gestanden. Sylvia Cossy musste damit rechnen, dass dieses angebliche Geständnis ihrer Mutter eine lebenslange Gefängnisstrafe einbringen würde.

Das München der Sechzigerjahre war ein Dorado für Künstler, Studenten und unangepasste Aussteiger. Die Stadt galt als eine Mischung aus römischem Dolce Vita und Swinging London. Die Leopoldstraße hieß in der Presse nur „die wilde Meile". Uschi Obermaier traf hier Mick Jagger im *Tiffanys*, Barbara Valentin Freddy Mercury in einer Schwulenbar. Der *Piper Club* am Kurfürstenplatz hieß intern *Joint*, und man bekam auch alles, um sich einen solchen zu drehen. Im *Take Five* und im *Sugar* konnte man sich die Seele aus dem Leib tanzen oder auch etwas Dope unter der Hand kaufen. Hannes Obermaier, der sich *Hunter* nannte, war der – heute legendäre – Klatschkolumnist der Münchner Abendzeitung. Ihm beichteten die Promis ihre Schmuddelstorys. In diesem aufgeheizten Klima war der Mordprozess um Vera Brühne ein besonderer Leckerbissen für die Presse und deren sensationslüsterne Leser.

Ich kam Anfang 1960 nach München und wohnte – natürlich – in Schwabing. Bei der *AZ* arbeitete ich zeitweise im Team mit dem Reporter Nils von der Heyde. Nils war ein enger Internatsfreund von Sylvia Cossy, der Tochter Vera Brühnes. Durch ihn lernte ich

Sylvia und deren Mutter kennen. Sylvia war das, was man heute ein *It-Girl* nennt. Hübsch, berechnend, geltungsbedürftig. Nicht sehr klug, aber stets darauf aus, im Mittelpunkt zu stehen. Ihr Vater war der damals berühmte Schauspieler Hans Cossy. Sylvias Mutter war Vera Brühne, eine elegante, hochgewachsene blonde Schönheit. Eine Endvierzigerin, die älteren vermögenden Herren gewisse Dienste gegen Honorar anbot. Die nicht zögerte, ihre Tochter in die erotischen Spielchen mit einzubeziehen. Sylvia, die an keiner ernsthaften Berufsausbildung interessiert schien, stand hin und wieder hinter der Bar des *Take Five* oder anderen Hotspots. Wann immer es ihre Mutter wünschte, begleitete sie diese zu Verabredungen oder auf Reisen. Den damals aktuellen Verehrer von Vera Brühne, Dr. Otto Praun, einen älteren Gynäkologen aus Pöcking am Starnberger See, mochte Sylvia Cossy überhaupt nicht. Praun hatte ihre Mutter pro forma als Chauffeuse eingestellt. Für ihn sprach aus Sylvias Sicht nur seine luxuriöse Villa an der Costa Brava in Spanien, in der auch sie Urlaub machen durfte. Außerdem hatte er Vera Brühne das Anwesen in seinem Testament überschrieben. Allerdings mit der Auflage, die Villa nur mit dem Einverständnis seines Sohnes Günter verkaufen zu dürfen. Am 19.4.1960 fand die Sprechstundenhilfe die Leichen von Dr. Praun und der Haushälterin in dessen Haus. Die Polizei ging zuerst von einem erweiterten Selbstmord aus, denn Praun hielt die Pistole noch in der Hand.

Günter Praun, der Sohn, war es, der den Verdacht auf Vera Brühne lenkte. Sein Vater habe überlegt, die Villa zu verkaufen. Das soll Brühne veranlasst haben, Johann Ferbach, einen Freund aus Jugendtagen, als Täter anzuheuern. Für die Polizei, die zuvor praktisch keine verwertbaren Spuren gesichert hatte, machte diese Version plötzlich Sinn.

Die Mutter-Tochter-Beziehung war nicht gerade innig. Das Verhältnis seiner Exfrau zur gemeinsamen Tochter bezeichnete Hans Cossy einmal als „das einer Schlange zu einem Hasen". Vera Brühne galt als sehr streng. Was die Mutter sagte, war Gesetz. Zu rebellieren fiel Sylvia gar nicht erst ein.

Nach der Ermordung Dr. Prauns und seiner Haushälterin und nachdem der Mordverdacht bereits auf Vera Brühne gefallen war, erzählte Sylvia Cossy ihrem Freund Nils von der Heyde (*AZ*) von einem Mordgeständnis ihrer Mutter, das diese angeblich ihr gegenüber abgegeben hätte.

Was, wenn nicht Rachegelüste der Mutter gegenüber könnte sie dazu veranlasst haben? Ihre späteren Erklärungen, sie wäre von all dem überfordert gewesen, sie habe nervlich unter Stress gestanden, wirkten an den Haaren herbeigezogen. Auf jeden Fall bekniete von der Heyde sie, mit ihrem Wissen zur Polizei zu gehen.

Am 8. November 1961, fünf Wochen nach der Verhaftung ihrer Mutter, dreieinhalb Wochen nach der Verhaftung Johann Ferbachs, erschien Sylvia mit ihrem Vater beim Ermittlungsrichter. Sie sagte aus, ihre Mutter habe ihr die Tat in allen Einzelheiten gestanden.

Am 25.4.1962 begann der Prozess gegen Vera Brühne und Johann Ferbach. Sylvia Cossy widerrief ihre Aussage. Sie habe unter dem Druck der Presse gestanden. Das Gericht glaubte ihr nicht. Vor allem, als bekannt wurde, dass sie Briefe der Mutter und private Fotos an genau diese Presse verkauft hatte. Sie verdiente damit eine Menge Geld.

Vera Brühne wurde – auch aufgrund der Aussage ihrer Tochter – bei schwacher Indizienlage und unter Annahme eines falschen Todeszeitpunkts zu lebenslanger Haft verurteilt. Ebenso Johann Ferbach. Bis zu ihrem Tod behauptete Brühne: „Ich habe das nicht getan. Ich bin unschuldig." Vera Brühne wurde, nach 17 Jahren in Aichach, 1979 von Franz Josef Strauß begnadigt. Spekulationen, dass der Mord an Praun mit illegalen Waffengeschäften zu tun gehabt hätte, sind bis heute ungeklärt. Wiederaufnahmeanträge für ein neues Verfahren wurden stets abgelehnt.

Schon vor der Begnadigung Vera Brühnes hatte ihre Tochter ein Buch geschrieben. Es erschien 1980, ein paar Monate vor Brühnes Entlassung. In *Gebrandmarkt. Das Schicksal, Vera Brühnes Tochter zu sein* versucht Sylvia Cossy, ihre Version der Geschichte als Wahrheit zu verkaufen. Ihre falsche Anschuldigung schiebt sie darin dem Jugendfreund Nils von der Heyde in die Schuhe. Er habe sie so ungeheuer unter Druck gesetzt, dass sie nicht anders habe handeln können! Sylvia Cossy starb mit 49 Jahren im Oktober 1990 in Spanien an Zungenkrebs. Diese schreckliche Todesart wirkte nach ihrer Falschaussage wie eine späte Rache des Schicksals, gemäß der Binsenweisheit „Jeder wird an dem Körperteil bestraft, mit dem er gesündigt hat".

Vera Brühne überlebte ihre Tochter um ein gutes Jahrzehnt, sie wurde 91 Jahre alt. Sie ist neben ihrem ersten Ehemann, Hans Cossy, beerdigt. Auf dem Grabstein ist ihr Name allerdings nicht vermerkt.

Elfriede Jelinek – unerbittlich zum Ruhm

Ich habe Elfriede Jelinek Anfang der Siebzigerjahre bei Rainer Werner Fassbinder kennengelernt. Ihr späterer Mann, der Informatiker Gottfried Hüngsberg, der für Fassbinders Filme auch einige Filmmusiken schrieb, lebte zu dieser Zeit in der Fassbinder-WG. Jelinek, nicht wirklich schön, aber schon damals extravagant gekleidet, hatte gerade ihre ersten Erfolge. Wirklich zu freuen schien sie sich darüber nicht. Auf mich machte sie den Eindruck einer zwar scharfsinnigen, aber äußerst negativen Person. Sie konnte mit zwei, drei gezielten Worten jede gute Stimmung kippen. Fassbinder schien fasziniert zu sein. Dass Gottfried Hüngsberg sich für sie interessierte, war nicht zu übersehen. 1974 heirateten Jelinek und Hüngsberg. Ihr Kommentar: „Ich weiß gar nicht, warum ich das getan habe!" Verheiratet sind sie inzwischen allerdings seit 44 Jahren.

Der literarische Durchbruch gelang Jelinek 1975 mit dem Roman *Die Liebhaberinnen,* der marxistisch-feministischen Karikatur eines Heimatromans. Von da an ging es steil bergauf! Für ihre krasse Sprache gab es entweder große Lobeshymnen oder heftige Ablehnung. Gleichgültig ließen ihre Texte niemanden.

Im Jahr 1983 veröffentlichte Elfriede Jelinek den Roman *Die Klavierspielerin.* Das Buch wurde ein riesiger Erfolg. Was die wenigsten wussten: Darin schildert sie nahezu eins zu eins ihre eigene Kindheit. Ihre Mutter war eine strenge, ehrgeizige Frau, die aus dem österreichischen Großbürgertum stammte. Der Vater, ein Chemiker aus einer jüdisch-tschechischen Familie, wurde in den Sechzigerjahren zunehmend geistig verwirrt. Seine Frau brachte ihn in einer psychiatrischen Anstalt unter.

Als Jelineks Mutter mit dem auffälligen Bewegungsdrang ihrer Tochter nicht fertigwurde, meldete sie Elfriede in einer äußerst strengen katholischen Klosterschule an. Für das kleine, hochintelligente Mädchen mit dem großen Freiheitsdrang war das wie ein Gefängnis. Als auch die Nonnen nicht mit Elfriede klarkamen, schob man sie in die Kinderpsychiatrie ab. Eine Leidensgeschichte, die sich fortsetzte, als Elfriede erneut ihrer Mutter ausgeliefert war. Die autoritäre Mutter, selbst ein unruhiger Geist, ernährte die Familie, als der Vater völlig in die geistige Umnachtung versank. Man mag sich kaum vorstellen, wie das auf ein kleines Mädchen gewirkt haben muss.

Die Mutter, ohne jegliche Empathie oder künstlerische Begabung, war von der Idee besessen, aus ihrer Tochter eine Berühmtheit zu machen. Noch in den ersten Schuljahren schickte sie Elfriede in eine der besten Ballettschulen. Das Mädchen musste außerdem Geige, Bratsche, Klavier und Flöte lernen. Nach der Schule zwang sie die Kleine zum Üben. Hauptsächlich am Klavier. Olga Jelinek war unerbittlich. Freizeit, Spiele oder andere Kinder – darauf musste Elfriede Jelinek verzichten. Die verbissene und vom Wunsch nach Berühmtheit für ihre Tochter besessene Frau kannte kein Pardon. Für das Mädchen hieß das: üben, üben und nochmals üben!

Auf Wunsch der Mutter studierte sie am Wiener Konservatorium Klavier, Orgel und Komposition. Damit noch nicht genug, schrieb sich die Abiturientin an der Uni in Wien für Kunstgeschichte und Theaterwissenschaften ein. Die Mutter in ihrem Wahn trieb ihre Tochter unbarmherzig voran. Ein eigenes Leben hatte sie nicht. 1968 brach Elfriede zusammen. Dauerdruck und Bevormundung hatten sie krank gemacht. Ein Jahr lang verließ sie kaum das

Haus. In dieser Isolation begann sie zu schreiben. Es waren kalte, negative Betrachtungen ihrer Umwelt, oft nur durch eine Prise Ironie erträglich. Selbst nachdem sie in Schwabing den Musiker und Informatiker Gottfried Hüngsberg kennengelernt und geheiratet hatte, lebte sie nur teilweise in München – häufig war sie noch bei der Mutter in Wien. Jelinek, die es nicht gewagt hat, sich aus der Umklammerung zu lösen, fühlte sich erst frei, als Olga Jelinek 2000 starb.

In einem Interview mit André Müller, der sie nach ihrer Beziehung zur Mutter befragte, sagte sie: „Ja, ich bin jeden Tag froh, daß sie tot ist. Sie war siebenundneunzig und ist zuletzt völlig verrückt geworden. Die Paranoia, die sie latent immer schon hatte, ist voll ausgebrochen. Sie glaubte, mein Mann stiehlt ihren Schmuck. Er durfte das Haus nicht betreten. Es war eine rasende Eifersucht. Sie hat schon, als ich ein Kind war, jeden, den ich mochte, aus meiner Umgebung entfernt. Das Schreiben war mein Rettungsboot, aber befreit hat es mich nicht. Ich war wie ein Tier von früher Kindheit an auf diese Frau fixiert, die absolute Macht über mich hatte. Seit ihrem Tod hat sich manches geändert, aber gesund bin ich nicht geworden. Die Angst wird immer größer statt kleiner. (...) Der Hass ist mein Motor. Nicht hassen zu müssen, wäre für mich eine Erholung. Doch diese Erholung ist mir offenbar nicht gegönnt."

Auch nach dem Tod der Mutter bleibt sie im elterlichen Haus und reist nur hin und wieder nach München zu ihrem Ehemann. Die lieblose Kindheit, das Drama um ihren Vater und die daraus resultierenden Ängste bestimmen noch heute Jelineks Leben und Schreiben.

Inzwischen ist sie eine der bekanntesten Schriftstellerinnen deutscher Sprache. Ihre Texte konnten auch die Jury des schwedischen Nobelpreiskomitees überzeugen: 2004 wurde Elfriede Jelinek der Nobelpreis für Literatur verliehen. Versöhnlicher sind ihre Schriften nach dieser Ehrung nicht geworden. Elfriede Jelinek ist eine Frau, die, wie sie selbst sagt, „das Gefühl absoluten Glücks nicht kennt".

Abserviert:

Wenn *Töchter* mit ihren *Müttern* brechen

Als Mala den Kontakt zu ihrer Mutter zum ersten Mal abbrach, war sie Mitte dreißig und hatte gerade ihr zweites Kind bekommen. Ihre Mutter Eliane (60), eine bekannte Designerin, feierte mit Freunden ihren Geburtstag in der Toskana. Dass keine Glückwünsche von ihrer Tochter kamen, bemerkte sie erst Tage später. „Sie wird zu viel mit dem neuen Kind zu tun haben!", sagte sie ihren Freunden. Zurück in Berlin noch immer kein Lebenszeichen von Mala. Auf Anrufe reagierte diese nicht. Ihre Mutter, die an einer neuen Kollektion arbeitete, dachte nicht über das merkwürdige Verhalten ihrer Tochter nach. Wochen später, als Eliane erneut bei ihrer Tochter anrief, war Leonie, ihre Enkelin, am Apparat. „Die Mami ist nicht da. Soll ich etwas ausrichten?" Im Hintergrund hörte sie allerdings die Stimme ihrer Tochter. „Gib mir sofort deine Mami", forderte Eliane ärgerlich. Sie hörte, wie die Enkelin mit ihrer Mutter sprach. Dann sagte sie: „Sie hat keine Zeit!" und hängte auf. Das Verhalten ihrer Tochter kam Eliane merkwürdig vor. Es hatte weder eine Auseinandersetzung noch andere Unstimmigkeiten gegeben. Dieser erste Kontaktabbruch dauerte zwei volle Jahre. Eliane war oft versucht, einfach zu Mala zu fahren, zu klingeln und zu fragen, was dieser Zirkus sollte. Vielleicht, dachte sie, war ja ihr Schwiegersohn daran schuld. Zu ihm hatte sie einen eher distanzierten Kontakt.

Irgendwann rief Mala ihre Mutter an. Sie hatte sich scheiden lassen. Näheres wollte sie nicht erzählen. Eliane beharrte auch nicht darauf. Sie war froh, dass alles wieder einigermaßen im Lot zu sein schien. Natürlich hätte sie gern gewusst, warum ihre Tochter sich so verhalten hatte. Der Pseudofrieden dauerte allerdings gerade mal ein halbes Jahr. Dann tauchte Mala erneut ab.

Eliane, die gerade eine Brustkrebs-OP hinter sich hatte, hatte keine Kraft, sich jetzt auch noch um die Launen ihrer Tochter zu kümmern. „Ich war einfach völlig kaputt. Wurde bestrahlt und musste nebenbei noch meine Kollektion betreuen!"

Von Mala lediglich ein knapper Anruf. Ob sie etwas tun könne. „Nein", sagte Eliane. Ihr Vertrauen in die Tochter war verschwunden. Auch die Enkel meldeten sich nicht.

Ein Jahr später starb Malas Vater. Jetzt wollte sie Trost von der Mutter. Doch diese blieb hart: „Ich konnte, wollte aber nicht mehr. Meiner Tochter ging es ja nicht zuletzt darum, wie sie an das nicht unbeträchtliche Erbe kommen konnte."

Das Verhältnis ist nach wie vor gestört. Mala meldet sich selten bis gar nicht. „Ich habe so viel mit mir zu tun", schrieb sie der Mutter. Wieder nur ich, ich, ich ...

Eliane hat vor zwei Monaten bei einer angesehenen Psychotherapeutin eine Behandlung begonnen. „Ich will wissen, was ich falsch gemacht habe. Ob es noch etwas zu reparieren gibt. Wie ich aus dieser tiefen Traurigkeit herausfinde. Und, last but not least, wie ich mich schützen kann vor der Haltung meiner Tochter!"

Meine eigene Mutter-Tochter-Story ähnelt der von Eliane. Auch meine Tochter hat immer wieder den Kontakt zu mir abgebrochen. Mal ein paar Monate, mal sogar ein, zwei Jahre. Einen Grund für ihre spontanen Rückzüge habe ich nie erfahren. Bis heute warte ich auf eine Erklärung. Und so bewege ich mich emotional zwischen verschiedenen Polen: Verzweiflung und Wut – und doch immer wieder auch Zuneigung.

Ist Blut wirklich dicker als Wasser?

Warum kappen Töchter den Kontakt zu ihrer Mutter? Weshalb merken Mütter nicht, dass etwas an der Beziehung faul ist? Rund 100.000 solcher Fälle soll es aktuell in Deutschland geben. In vielen Städten haben sich Selbsthilfegruppen unter dem Namen *Verlassene Eltern* gegründet.

„Dass Kinder den Kontakt zu ihren Eltern abbrechen, passiert nicht von heute auf morgen", erklärt der Münchner Familienforscher Hartmut Kasten. „Meist sind das Prozesse, die schon früh begonnen haben." Für die Mutter muss das aber nicht zwangsläufig spürbar gewesen sein: Sie kann Signale übersehen haben. Beispielsweise, wenn zwar immer Kontakt bestand, das Kind aber selten aus freien Stücken angerufen oder die Nähe zur Mutter gesucht hat. Möglicherweise hat sie nur aus Pflichtgefühl heraus gehandelt. Vielleicht kam sie nur zu feierlichen Anlässen zu Besuch. Oder die Mutter ist so auf sich selbst fixiert, dass sie die Not ihrer Tochter nicht bemerkt hat. Dann verschwindet die Tochter ohne Ansage und ohne den Schmerz der Mutter zu bemerken.

„Möglicherweise hat sich das Kind von den Eltern immer benachteiligt oder ungerecht behandelt gefühlt", sagt der Psychologe Kasten. „Vielleicht wurde es auch ständig kritisiert und fühlte sich nicht wirklich geliebt. Viele fressen Kritik in sich hinein. Allerdings wird ihnen das dann zu viel, und sie wissen sich nicht anders zu helfen, als den Kontakt abzubrechen."

Die Psychotherapeutin Claudia Haarmann meint: „Der Abbruch ist ein Symbol. Er ist die bewusste Demontage der Verbindung. Der Abbruch und das Schweigen kommunizieren: Ich finde keinen anderen Ausweg, um auszudrücken, wie es mit dir weitergeht. Als Kind konnte ich nichts tun. Aber heute zeige ich dir: So will ich nicht mehr. Da du mich nicht verstehen willst, gehe ich!"

Die Beziehungsexperten sagen: Wenn Töchter erneut Kontakt suchen, wollen sie oft tabulos über die vorangegangenen Schwierigkeiten reden. Sie möchten, wenn möglich, die Dinge ansprechen, die sie bewogen haben, diesen auch für sie schmerzlichen Schnitt zu vollziehen. Ohne Angst haben zu müssen, dass sie wie vor einem Tribunal gegen Menschenrechtsverletzungen behandelt werden. Sie erwarten von der Mutter, dass diese auch ihre Sicht der Dinge schildert. Möglicherweise war deren Verhältnis zur eigenen Mutter so belastet, dass sie gar nicht anders handeln konnte. Dass sie selbst nie gelernt hat, ihrer Tochter Nähe und Geborgenheit zu geben. Die meisten Mütter begreifen nicht, was geschehen ist. Sie sind überzeugt, dass sie alles mit ihrer Tochter richtig gemacht haben.

Psychologen sind sich einig: Wenn man versucht, wieder Frieden miteinander zu schließen, gehören alle Karten auf den Tisch. Ein Neustart funktioniert nicht, wenn man die Vergangenheit unter den Teppich kehrt. Grundvoraussetzung einer neuen Qualität der

Beziehung muss Offenheit sein. Wer das nicht verinnerlicht, wird schnell wieder in die negativen Verhaltensmuster zurückfallen.

Mit dem Privatdetektiv auf Spurensuche

Die Wahrnehmungen von Müttern und Töchtern sind oft völlig unterschiedlich. Viele von ihnen sind Meisterinnen im Vermeiden tiefer gehender Fragen. Die Angst ist groß, auf eigene Fehler zu treffen und den Spiegel vorgehalten zu bekommen. Dabei ist es nie nur eine Seite, die Fehler macht.

„Vielleicht war ich manches Mal ja zu undiplomatisch und zu spontan!", sagt Renate (45). „Aber ich habe es immer nur gut gemeint. Zu kritisieren heißt doch nicht, dass man seine Tochter nicht liebt! Das soll doch eher eine Hilfe sein, das Richtige zu tun." Aber: Ist sie denn überhaupt im Besitz der Erkenntnis, was das „Richtige" für ihre Tochter ist?

Renates Tochter Frauke (20) verließ mit 19 Jahren das Elternhaus. Sie hat lediglich einen Zettel hinterlassen. Darauf stand: „Ich bin erwachsen. Das willst du aber nicht akzeptieren! Ich muss meinen Weg selbst finden. Suche nicht nach mir. Ich gehe mit Lars nach Berlin." Renate glaubte, dass dies nur einer der vielen sprunghaften Entschlüsse ihrer „Kleinen" wäre. Sie würde sich schon wieder melden, wenn sie Geld brauchte. Frauke aber ließ über ein Jahr nichts von sich hören. Vergeblich versuchte Renate, über Freunde ihrer Tochter deren Adresse herauszubekommen. Sie mauerten. Selbst den Familiennamen ihres Freundes wollten sie ihr nicht geben. Schließlich beauftragte Renate eine Detektei! Doch als sie die Adresse ihrer Tochter in Händen hielt, zögerte sie anzurufen.

„Ich wusste plötzlich nicht mehr, was ich ihr sagen sollte. Natürlich wollte ich wissen, warum sie sich so verhält. Ob sie ohne mich jetzt glücklicher war. Ob sie sich vorzustellen vermochte, wie sehr ich unter der Trennung litt." Die Idee, dass auch für Frauke diese Trennung schwierig war, dass sie ebenfalls darunter leiden könnte, kam ihre Mutter nicht. „Seine Mutter stellt man doch nicht einfach so in die Ecke", klagte sie ihren Freunden. Einen Anteil an dieser Trennung gesteht sich Renate nicht ein. Ihre beste Freundin, die sie aus dieser selbstgerechten Haltung herausholen wollte, beschuldigte sie, auf Seiten der „abtrünnigen" Tochter zu stehen. Um sich vor der Umwelt keine Blöße zu geben, lehnt sie es sogar ab, eine Therapie zu machen.

Inzwischen sind vier Jahre vergangen. Frauke schickte Geburtstagswünsche und Weihnachtskarten. Ihre Mutter zu sehen oder mit ihr zu sprechen, lehnt sie allerdings nach wie vor ab.

Wenn Mütter Halt bei ihren Töchtern suchen

Nadja (27) tat sich besonders schwer, mit ihrer Mutter zu brechen. Hilda (59) war sehr labil und psychisch angeschlagen. Schon als Kind musste sie die Mutter trösten, wenn der Vater wieder mal eine Geliebte hatte. Das Verhältnis der Eltern war zerrüttet. Nadja war froh, als der Vater schließlich das Haus verließ. Er tauchte einfach ab. Er überwies zwar monatlich Geld, aber das war es dann auch. Nadja, inzwischen ein Teenie, war die Stütze, an die sich die Mutter klammerte.

Als sie nach dem Abitur zum Studium in eine andere Stadt gehen wollte, tickte ihre Mutter aus. „Was soll ich ohne dich tun?", fragte sie tränenüberströmt. „Ich brauche dich doch!" Nadja fühlte sich wie eine Gefangene. Sie ließ sich überreden, für die ersten Semester in ihrer Heimatstadt zu bleiben. Danach, so glaubte sie, wäre ihre Mutter vielleicht stabiler. Es änderte sich nichts.

Nadjas Freunde bestärkten sie, sich nicht weiterhin erpressen zu lassen. „Deine Mutter benutzt dich", sagten sie. „Sie ist weder krank noch anderweitig hilfsbedürftig! Mach ihr das klar!" Doch wie sollte Nadja ihrer Mutter sagen, dass sie nicht für die große Leere in deren Leben zuständig war, geschweige denn diese auszufüllen vermochte? Das Gespräch mit der Mutter endete wie alle Gespräche zuvor: Hilda weinte, beschwor die Tochter, sie nicht zu verlassen. „Weil ich dann nicht weiß, was passiert!" Diese unausgesprochene Drohung war es, die Nadja ihren Koffer packen ließ. „Ich war damals psychisch selbst auf dem Weg, so ein Wrack zu werden! Ich musste verschwinden!"

Hilda veranstaltete ein Riesentheater. Klingelte nachts bei den Freunden ihrer Tochter. Ging zur Polizei und meldete Nadja als vermisst. Drohte mit Selbstmord und landete zwischenzeitlich in der Psychiatrie. Nadja erfuhr das alles durch ihre Freunde. „Es gab Tage, da fühlte ich mich an Mamas Unglück schuldig!" Sie blieb fern, war aber zutiefst beunruhigt, was mit ihrer Mutter geschehen würde.

Im dritten Jahr ihrer Trennung traf Nadja bei einer Jubiläumsfeier zufällig auf ihre Mutter. „Es war für mich ein Schock. Mama sah fabelhaft aus. Sprühte vor guter Laune. So wie ich sie in unserem gemeinsamen Leben nie erlebt hatte! Sie stutzte, als sie mich sah, kam dann auf mich zu, umarmte mich und sagte: ,Verzeih mir! Mir war nicht bewusst, was ich dir angetan habe!'"

Hilda hatte eine Therapie gemacht. Ihr Leben von Grund auf geändert. Die Einstellung „Schuld sind immer die anderen" erschien ihr danach selbst als ungerecht. Trotz dieser guten Entwicklung hielt Nadja lange Abstand. Ihre Empfehlung für Töchter, die in ähnlichen Situationen gefangen sind: „Wenn wirklich alles zu spät ist, nicht qualvoll die brave Tochter spielen und Dinge hinunterschlucken, die letzten Endes doch nur zu einem Abbruch der Beziehung führen würden." Der Ratschlag der US-Psychologin Kim Chernin lautet: „Töchter, schafft euch neue Mütter an!"

Ein herrlicher Vorschlag – in der Realität leider nicht sonderlich praktikabel.

> Bevor Sie den Kontakt mit Ihrer Mutter abbrechen, lesen Sie den Rat der Wiener Therapeutin und Psychologin Sabine Standenat in ihrem Buch *Wenn nichts mehr ist, wie es war ... Kraft für einen Neubeginn finden:*

1. Verabschieden Sie sich von dem Anspruch, dass Ihre Mutter Sie bedingungslos lieben muss. Vielleicht hat sie selbst in ihrer Kindheit niemals die Liebe ihrer Mutter gespürt.

2. Sehen Sie Ihre Mutter als die Person, die sie ist, und nicht als die, die sie Ihrer Meinung nach sein sollte. Die befreiende Wirkung dieser Sichtweise hilft Ihnen, ein anderes Verhältnis zu Ihrer Mutter zu bekommen. Der neue Blick auf Ihre Mutter ermöglicht es Ihnen, auch deren gute Eigenschaften zu erkennen.

3. Verdrängen Sie nicht die negativen Gefühle, die Sie Ihrer Mutter gegenüber empfinden: Das kann von Zorn über Traurigkeit und Schmerz bis hin zum Hass reichen. Das Zulassen dieser Emotionen lindert oft die Schuldgefühle, die Sie deshalb gegenüber Ihrer Mutter haben.

Das Allerwichtigste jedoch ist: Sprechen Sie miteinander! Lassen Sie sich nicht mit Ausreden abspeisen! Auch Ihre Mutter ist glücklicher, wenn sich die angestrengte Situation entspannt. Sind Sie danach immer noch überzeugt, keinen Kontakt mehr mit ihr haben zu wollen? Dann erklären Sie ihr die Gründe in aller Ausführlichkeit. Das sollten Sie schon der Fairness halber tun. Denn nur dann hat sie die Chance, an ihren eigenen Defiziten zu arbeiten.

Trennungsgeschichten
und
Denkmalstürze

Es tut immer weh, wenn Familien auseinanderbrechen. Ganz gleich, wer die treibende Kraft dahinter war. Kinder verstehen Trennungen und ihre Ursachen nicht. Sie leiden darunter oder gehen, wenn sie älter sind, auf die Barrikaden. Ihr harmonisches Bild von Familie bekommt durch Trennungen einen tiefen Riss. Der Vater, der wegen einer anderen Frau die Familie verlässt, ist plötzlich nicht mehr der Papa, mit dem man kuscheln kann. Er wird zum Täter, zum Lügner, zum Verräter, der eine vermeintliche Idylle zerstört hat. Er hat rücksichtslos seine Kinder alleingelassen. Das behauptet zumindest die Mutter.

Für die Kinder, vor allem für Töchter, die oft mehr am Papa als an der Mama hängen, bricht eine Welt zusammen. Der Sockel, auf den ihn seine Tochter gestellt hat, beginnt zu wackeln. Die Mutter, gekränkt und verunsichert, geht zum Angriff über und lässt kein gutes Haar an ihrem Exgatten. Das ist zwar nicht souverän, aber verständlich. Zurück bleibt eine enttäuschte Tochter, die ihre ersten Erfahrungen mit dem männlichen Geschlecht gemacht hat. Wird sie später eine der frustrierten Frauen sein, die stets und aus voller Überzeugung behaupten, dass Männer nur Schweine sein können?

In meinem Freundeskreis gibt es viele gescheiterte Ehen. Manchmal sind Trennungen unvermeidlich und geschehen zum Wohl der Kinder. Allerdings sind das eher die Ausnahmen. Die Mehrzahl giftet über den Partner, weist ihm die Schuld zu, ohne zu bedenken, wie das auf die Kinder wirken muss.

Emotionale Erpressung und andere Manipulationen

Ein Beispiel dafür ist Svenja, eine ehemalige Kollegin von mir. Sie hatte die Trennung von ihrem Mann viele Jahre nicht überwinden können. Wenn wir uns trafen, landete das Gespräch nach spätestens einer Stunde bei ihrem Exmann und seinen Fehlern. Ihre Tochter Valerie, inzwischen eine erwachsene Frau, ist fast daran zerbrochen. Ihre Version der gescheiterten Ehe ihrer Eltern klingt völlig anders als die von Svenja.

Valerie ist 31 Jahre alt. Ihre Eltern ließen sich scheiden, als sie aufs Gymnasium kam. Viel hatte sie von deren Scheidung nicht mitbekommen. Der Vater zog mit seiner Freundin nach Hamburg. Es war vereinbart, dass sie in den Ferien je eine Woche bei ihm verbringen durfte. Das klappte nicht immer. Manchmal war er geschäftlich verhindert. Ihre Mutter machte jedes Mal eine saure Bemerkung, die darin gipfelte, dass sie seufzend sagte: „Auf deinen Vater war noch nie Verlass!"

Das Bild, das Valerie von ihrem ehemals doch so zuverlässigen und liebevollen Vater seit jeher hatte, war plötzlich beschädigt. So wurde die Mutter über die Jahre der Mittelpunkt ihres Lebens. Svenja stilisierte sich zum lebendigen Denkmal einer aufopfernden Mutter. Der Sockel, auf den sie sich stellte, war hoch. Manchmal sprach ihre Mutter über den Vater. Es waren fein verpackte Klagen und Anschuldigungen. Valerie hatte immer weniger Lust, die vereinbarte Zeit mit ihrem Vater zu verbringen. Kurz vor ihrem Abitur kehrte der Vater wegen eines Jobs nach München zurück. Ganz langsam kam der gute Kontakt von früher wieder. Valerie fand auch die Freundin ihres Vaters nicht so schlimm, wie sie die Mutter immer geschildert hatte.

Immer wenn sie Zeit mit ihrem Vater verbracht hatte, gab es bissige Kommentare von ihrer Mutter. Besonders über seine Lebensgefährtin wurde gelästert. Valerie allerdings fand sie locker und ziemlich cool. Zu Hause aber hütete sie sich, ein positives Wort über sie zu verlieren. Als Valerie einmal sagte, dass Clara, die Freundin des Vaters, „immer gut drauf ist", rastete die Mutter aus. „Im Vergleich zu mir? Oder wie meinst du das? Wieso fällst du mir in den Rücken?", schrie die Mutter sie an. „Wo ich doch alles für dich tue!"

An ihrem 18. Geburtstag hatte Valeries Vater sie zu einem Kurztrip nach Paris eingeladen. Ihre Mutter drehte durch. „Das wirst du nicht annehmen!", brüllte sie. „Ich verbiete es dir!" Valerie flog trotz des Verbotes mit dem Vater und dessen Freundin nach Paris. „Es war einfach unglaublich! Ich durfte mir alles wünschen. Die beiden machten es mit!"

Als sie nach Hause kam, lag die Mutter krank im Bett. Sie hatte eine ihrer üblichen Magenkoliken. „Ich hätte sterben können", klagte sie. Nicht ein Mal fragte sie nach dem Geburtstagsausflug. Sie jammerte nur, dass Valerie sich lieber amüsiere und sie alleingelassen habe.

Als Valerie das ihrem Vater erzählte, wurde er sehr wütend. „Das hat sie während unserer Ehe dauernd so gemacht. Immer wenn ihr etwas nicht gepasst hat, wurde ich bestraft. Anfangs habe ich ihr das abgenommen. Habe mich schuldig gefühlt. Bis mir klar wurde, dass sie mich nur mit ihren angeblichen Krankheiten unter Druck setzen wollte. Als ich ihr das sagte, hat sie eine Woche lang nicht mit mir gesprochen."

Je älter Valerie wurde und je mehr sie nach ihren eigenen Interessen lebte, desto abenteuerlicher wurden die Krankheitsstorys ihrer Mutter. „Es war nicht mehr auszuhalten", erzählt sie. „Ich wäre so gern zu meinem Vater gezogen. Als ich nach einem Streit mit ihr meine Koffer gepackt hatte, drohte sie: „Wenn du mich jetzt wie dein Vater alleinlässt – bring ich mich um!" Dabei betonte sie gegenüber Valerie doch immer, dass sie es gewesen sei, die sich hatte scheiden lassen.

Als Valerie 19 Jahre wurde, zog sie in eine WG und machte eine Therapie. Sie erfuhr, dass das Verhalten ihrer Mutter gar nicht so selten war. „Eifersucht auf die andere Frau und das Gefühl, nicht mehr gebraucht zu werden, waren wohl die Auslöser des schrägen Verhaltens und der Erpressungsversuche meiner Mutter. Die Therapie war wie eine Erlösung. Plötzlich fiel dieser Druck, unter dem ich jahrelang stand, von mir ab!"

Valerie bekniete ihre Mutter, ebenfalls eine Therapie zu machen. Anfänglich lehnte diese das ab. „Ich bin doch nicht krank oder verrückt!", empörte sie sich. Dann aber ließ sie sich von ihrer Frauenärztin überreden. Allmählich veränderte sich das Verhältnis der beiden – zum Besseren. Trotzdem besuchte Valerie ihre Mutter immer in dem Bewusstsein: „Egal, was sie jetzt wieder ausheckt, ich kann jederzeit gehen."

Ende gut, alles gut? Fast. Denn Valerie ist auch heute noch

vorsichtig, wie viel Nähe sie bei ihrer Mutter zulässt. Seit ihrer Therapie versteht sie, wie verunsichert ihre Mutter nach der Trennung vom Vater war. Wie wenig Selbstvertrauen und Mut sie hatte, sich ein neues Leben aufzubauen. Ihre Mutter hatte nie gelernt, sich einen soliden Freundeskreis aufzubauen. So hat sie durch emotionale Erpressungen versucht, ihre Tochter an sich zu ketten. Ein Glück, dass Valerie durch ihre eigene Therapie die Verstrickungen der Mutter und deren Nöte erkannt hatte.

> Erpressungen – ganz gleich in welchem Zusammenhang – sind immer erbärmliche Versuche, einer anderen Person den eigenen Willen aufzuzwingen. Es gibt keine Patentrezepte, wie Töchter ihre Mütter davon überzeugen, dass dieser einseitige emotionale Druck ein gutes Mutter-Tochter-Verhältnis geradezu verhindert. Einzig ein schonungslos offenes Gespräch – oder eine gemeinsame Therapie – kann helfen, das fatale Abhängigkeitsverhältnis aufzulösen.

Scheidung, Eifersucht und weitere Tragödien

Luisa (23) ist hilflos gegenüber dem Verhalten der Mutter: „Meine Eltern sind seit ein paar Jahren geschieden. Sie haben sich, als ich noch zu Hause lebte, andauernd gezofft. Als Kind dachte ich: Eines Tages bringen sie sich um! Es war wirklich übel. Freunde habe ich nie mit nach Hause gebracht. Man wusste nicht, wann der Ärger wieder losging. Mein Vater hat schließlich die Initiative ergriffen und ist ausgezogen. ‚Sicher steckt eine andere dahinter!‘, hat meine Mutter geargwöhnt. Ich glaube aber, er hatte diesen Ärger einfach gründlich satt.

Meine Mutter hat ihm dann hinterhergeschnüffelt. Fand aber nichts, was sie ihrem Anwalt berichten konnte. Die Scheidung war ein Mordstheater, vor allem weil Vater eine junge, schicke Anwältin hatte. ‚Die haben was miteinander‘, mutmaßte meine Mutter. Als ich sagte: ,Selbst wenn, geht es dich doch nichts mehr an!', ist sie ausgeflippt. Ihre Eifersucht war wirklich grauenvoll.

Nach der Scheidung dachte ich: Jetzt wird es besser. Keine Spur. Es wurde nur anders. Ich hatte noch zwei kleinere Geschwister. Vater hat sich ihretwegen eine Wohnung in unserer Nähe gesucht. Mutter lag nun dauernd auf der Lauer. Schlenderte ,absichtslos' an seinem Haus vorbei. Öffnete Briefe an ihn, die aus Versehen an der ehemals gemeinsamen Adresse landeten, oder rief anonym bei ihm an. Den Sinn dahinter konnte ich nicht entdecken. Denn wenn er abhob, legte sie auf.

Irgendwann hat er eine Frau kennengelernt. Er stellte sie mir vor. Sie hieß Lydia, war Grundschullehrerin und hatte selbst zwei Kinder. Die beiden schienen sich gut zu verstehen. Ein halbes Jahr später eröffnete mir mein Vater, dass er Lydia heiraten wolle und zu ihr in einen Vorort ziehe.

Ich erzählte das meiner Mutter in der Hoffnung, dass damit auch für sie dieses Kapitel abgeschlossen wäre. Ihre Reaktion war krass: Sie schluckte Schlaftabletten. Ich weiß nicht, was sie damit bezweckte. Es waren zu wenig, um sich umzubringen, aber genügend, dass ihr der Magen ausgepumpt werden musste. Die Psychologin im Krankenhaus hat ihr dann eine Therapie empfohlen. Keine Ahnung, ob sie wirklich hingeht. Gut wäre es. Ich bin froh, dass ich nicht mehr zu Hause wohne. Meine Geschwister tun mir leid. Aus Sorge um meine Geschwister habe ich meinem Vater von der Geschichte erzählt. Er bemüht sich jetzt, die beiden zu sich zu nehmen. Ich hoffe nur, dass meine Mutter dann nicht total ausflippt!"

Pubertät, Unterhalt und sonstige Katastrophen

Die Trennung der Eltern kann auch auf ganz andere Weise das Verhältnis zwischen Müttern und Töchtern erschweren.

Melissa ist 49 Jahre, alleinerziehend und hat zwei Töchter. Sara ist 20 Jahre alt. Ihre Schwester Natalia 15. Melissas Ehe wurde vor zehn Jahren geschieden. „Mein Mann und ich haben uns in völlig verschiedene Richtungen entwickelt", erzählt Melissa. „Die Mädchen bekamen ihren Vater kaum zu Gesicht. Selbst an deren Geburtstagen schaffte er es, verhindert zu sein!" Dennoch war die erste Zeit nach der Trennung für die Mädchen schwierig. „Natalia, damals fünf, glaubte, dass ihr Vater uns verlassen hat, weil sie immer so aufsässig war. Sara kommentierte seinen Auszug überhaupt nicht. Obwohl sie eigentlich sein Liebling war."

Weil er sich auch nach der Scheidung wenig um seine Kinder kümmerte, vergaßen die Mädchen ihn fast gänzlich. Als aus der stillen Sara ein heftig pubertierender Teenie wurde, überlegte Melissa, ob sie die Ältere nicht in ein Internat geben sollte. „Ich bin freischaffende Grafikerin. Beide Kinder waren in einem derart anstrengenden Alter, dass ich nur mit Mühe beides, Beruf und die Mädchen, schaffte!"

Sara wollte nicht in ein Internat. Sie wollte die Schule wechseln. Auf die Frage nach dem Grund zuckte sie nur die Schultern. „Mir gefällt es dort nicht mehr", so ihre Begründung. „Ich will lieber auf ein gemischtes Gymnasium!", maulte ihre Älteste.

„Wieso darf Sara die Schule wechseln?", fragte Natalia. „Ich werde dauernd gemobbt. Ich will dort auch weg!" Das war der Punkt, an dem Melissa ausrastete. „Ich weiß, es war falsch. Ich hatte damals berufliche Schwierigkeiten. Mein Exmann zahlte, wenn überhaupt, nur unregelmäßig. Dann dieses ewige Gemaule zu Hause. Ich konnte einfach nicht mehr!"

Melissa versuchte, nachdem sie sich beruhigt hatte, mit den Kindern zu reden. „Ich habe ihnen erklärt, dass die Situation als alleinerziehende Mutter keine ist, die ich mir ausgesucht habe." Ihr Appell an die Kinder war: „Helft doch mit, dass wir es zu Hause gemeinsam schön haben."

Sara, die gerade wieder mal bockig war, meinte dazu nur: „Ach, soll ich vielleicht Geld verdienen, damit du es leichter hast?"

„Natalia plante, ihren Vater anzurufen und ihm zu sagen, dass ich sie nicht mehr wolle und ob sie nicht zu ihm ziehen könne!" Die Stimmung war für Wochen vergiftet. Die beiden Mädchen zogen sich zurück. Mit ihrer Mutter sprachen sie nur das Nötigste. Ganz gleich, was Melissa versuchte, sie kam an die beiden nicht mehr heran. Sie mauerten.

Sara, inzwischen 17, hatte sich zum ersten Mal richtig verliebt. Erfahren hat es Melissa durch die Mutter einer Freundin von Sara. „Kennen Sie den jungen Mann?", fragte diese. „Ich glaube, er ist nicht der richtige Umgang für Sara! Er ist schon Mitte 20." Melissa fiel aus allen Wolken. Sie hatte keine Ahnung. Als sie Sara darauf ansprach, antwortete diese: „Was geht dich das denn an? Das ist meine Sache. Und nein, ich stelle dir Basti bestimmt nicht vor!"

Eines Tages stand Melissas Ex vor der Tür. „Was ist hier los?", wollte er wissen. „Natalia rief mich an und wollte bei mir einziehen!" Was der Vater allerdings auf keinen Fall wollte. Die Enttäuschung bei Natalia war groß. Vor allem, weil ihr Vater nicht einmal mit ihr gesprochen hatte.

Melissa tröstete ihre Jüngste. „Wir schaffen das schon. Ich hab dich so lieb!", sagte sie. Natalia weinte. Melissa nahm sie in den Arm. „Ich hatte das Gefühl, endlich ist mein kleines Mädchen wieder bei mir angekommen!"

Sara allerdings mauerte weiterhin. Als sie 18 wurde, zog sie aus. Sie hatte sich, ohne mit ihrer Mutter darüber zu sprechen, ein WG-Zimmer gesucht. Melissa war verstört und traurig. Sie überlegte, was sie falsch gemacht hatte. „Früher", sagte Melissa, „war sie doch so ein braves, anhängliches Kind gewesen!"

Manchmal kam Sara nach Hause. Allerdings nur, um ihre Schwester zu besuchen. Mit ihrer Mutter sprach sie nur das Nötigste. Oder wenn sie Geld brauchte. Mit ihrem Vater allerdings schien sie regelmäßig zu kommunizieren. Melissa, gekränkt von dieser gegen sie gerichteten Aktion, schrieb ihrer Tochter einen Brief: „Ich verstehe dein Verhalten nicht. Weiß nicht einmal, was ich falsch gemacht habe. Ich hätte allerdings erwartet, dass du mindestens so fair bist, mir deine Gründe zu erklären. Aber: geschenkt. Wenn du nur mit deinem Vater Kontakt halten möchtest, soll er auch deinen Unterhalt bezahlen. Von mir bekommst du nur noch, wozu ich gesetzlich verpflichtet bin!"

Was auf diesen Brief folgte, hatte schon Komödienformat. „Mein

Ex rief an und beschimpfte mich. Er hätte schon gewusst, weshalb er sich von mir getrennt hatte. Ich sei eine miserable Mutter. Das habe ihm seine Älteste bestätigt. Und, nein, er würde nichts bezahlen. Schließlich würde ich ja jetzt, wo ich nur noch eine Tochter zu Hause hätte, genügend Geld sparen. Außerdem hätte ich sowieso immer mehr verdient als er."

Melissa erwog kurzfristig, ob sie ihren Ex verklagen sollte. Zumal sie wusste, dass er inzwischen genügend Geld verdiente, um seinen Vaterpflichten nachzukommen. Als sie Sara fragte, ob ihr Vater wenigstens die Miete ihres WG-Zimmers bezahlte, erhielt sie nur eine schnippische Antwort. „Wieso interessierst du dich dafür?", fragte Sara. „Papa hat gesagt, ich sollte dich verklagen. Mir stünde wesentlich mehr Unterhalt zu! Dann müsste ich auch nicht andauernd jobben. Außerdem will ich ja auch mal in den Urlaub fahren!" Melissa schluckte ihren ungeheuren Zorn hinunter und entgegnete nur: „Jobben hat noch niemandem geschadet!"

Das Verhältnis zu Natalia war inzwischen wieder so innig und vertrauensvoll wie vor Jahren. Wenn sie sich mit ihrer Schwester getroffen hatte, war sie meistens sehr still. „Mami", meinte sie einmal, „ich glaube, dass uns Sara gar nicht mehr lieb hat. Sie ist auch zu mir so ekelhaft." Melissa beruhigte ihre kleine Tochter. „Ich glaube fest, dass Sara irgendwann wieder *unsere Sara* sein wird. Wir müssen Geduld haben!"

Die
Mutter als
beste
Freundin?

Wann immer ich den Satz „Meine Mutter ist meine beste Freundin" höre, frage ich mich: „Wie kann das denn sein?" Beste Freundinnen sind doch die Kummerkästen, die Geheimnisträgerinnen und die Personen, denen wir Dinge anvertrauen, die sonst niemand auf der Welt erfahren sollte. Mütter hingegen verdienen selbstverständlich unser Vertrauen und unsere Liebe. Aber ihnen unser kompliziertes Hoffen und Bangen zu offenbaren?

Meine eigene Mutter tat sich schon schwer mit der Mutterrolle. Aber auch noch beste Freundin? Ich kann mir niemanden vorstellen, der dafür ungeeigneter war als sie. Sie zog mich an wie ein Püppchen und beschwerte sich dann, dass ich das schöne Taftkleidchen versaut hatte. Das war von Anfang an keine Basis für eine Freundschaft. Ich war nicht die Tochter, die meine Mutter sich gewünscht hatte. Alles, was sie schön fand, war für mich ein Horror. Weder mochte ich mit ihr im Café herumsitzen noch ihre ausgedehnten Schaufensterbummel mitmachen. Ich wollte Action. Das war nicht ihr Ding.

Als die Sache mit den Jungs begann, versuchte sie, mich auszufragen. Ob mir denn schon einer gefiele, ob ich „mit einem ging"? „Das kannst du mir schon erzählen. Kannst mich auch um Rat fragen!" Und dann kamen die üblichen Warnungen wie: „Männer wollen immer nur das eine, und dann lassen sie die Mädchen sitzen ..."

Wir beide stammten nicht nur aus zwei unterschiedlichen Generationen – wir waren wie aus zwei Welten. Sie verstand mich einfach nicht. Nicht, weshalb ich, anstatt tanzen zu lernen, lieber zum Schwimmen ging. Nicht, dass ich ihre doofen Kinderbücher in die Ecke schmiss und mir lieber aus dem Bücherschrank meines Vaters etwas holte, auch wenn ich damals nicht alles verstand. Aber mein Vater konnte mir vieles erklären, indem er mir zuallererst Geschichten über den Schriftsteller erzählte. Bunte Storys, vielleicht hat er sie auch nur für mich so wunderbar ausgeschmückt. Später, als mein Vater zum zweiten Mal mit seinem Verlag pleiteging, fing er selbst an zu schreiben. Spannende, kluge Bücher!

Mutter war von einem anderen Stern. Das war zwar schade, aber mir fehlte nichts.

Eine beste Freundin in Gestalt meiner Mama: nicht auszudenken. Ich hätte meine Mutter gar nicht in meiner Welt haben wollen. Nicht, dass sie spießig gewesen wäre, eher im Gegenteil: unglaublich exaltiert und stets auf große Auftritte versessen. Irgendwie schien sie immer noch im Berlin der Dreißigerjahre zu leben. Große Gesten, große Garderoben. Mit seinem *Lazy Look* karikierte mein Vater ihre Auftritte. Trug *sie* Seide, schlappte *er* in Cordsamt neben ihr her. Lediglich bei wirklich großen Anlässen trug er seinen uralten Smoking. Ein massiger, gut gelaunter Mann, der lächelnd seine Diva betrachtete. So sehr mich meine Mutter später oft amüsierte, so sehr störte sie mich als Teenie. Es war an der Grenze, dass ich mich für sie schämte.

Als ich aus dem Internat kam, meldeten mich meine Eltern in einem spießigen, aber renommierten Privatgymnasium an. Schon mein erster Tag in dieser Schule war gewöhnungsbedürftig. An die Freiheit meines Schweizer Internats gewöhnt, hatte ich mich weder herausgeputzt noch einen netten Spruch „für den Herrn Direktor" parat. Dafür schlug meine extravagante Mutter ein wie eine Bombe. Ich stand da wie bestellt und nicht abgeholt. Der Herr Direktor umschwänzelte diese fremde Person, die für seine evangelische Kargheit wie eine Erscheinung wirken musste. Ich war nicht mal die Petersilie bei dieser Begegnung.

Das sollte auch so bleiben, bis ich von dieser grauenvollen Lernanstalt flog. Ich wurde bei dem Bewunderer meiner Mutter vorstellig, weil mich der Pfarrer öfter betatscht hatte. Nicht nur, dass er mir nicht glaubte. Dieser schmierige Pfaffe wurde nicht einmal verwarnt. *Ich* flog von der Schule. Und meine Mutter sagte: „Was hast du nur schon wieder angestellt!"

Beste Freundin? Um Himmels willen, Gott bewahre.

Mutter-Tochter-Beziehungen waren zu keiner Zeit einfach. Ende der Siebzigerjahre, als die Kriegsmütter noch das Erziehungszepter schwangen, begannen ihre erwachsen werdenden Töchter zu rebellieren. Sie wollten sich auf keinen Fall mehr nach den veralteten Ansichten ihrer Mütter richten. Für Umfragen in Frauenzeitschriften, nach denen für jede zweite Frau die Mutter die beste Freundin sei, hatten sie nur Unverständnis, ja Befremden übrig. Für 49 Prozent der Befragten zwischen 16 und 60 Jahren sollte dieses Gefühlsband angeblich sehr wichtig sein. 42 Prozent der deutschen Frauen sagten demnach: „Meine Mutter und ich verstehen uns so gut, weil wir einander akzeptieren." Angeblich jede dritte Tochter (35 %) bewunderte die Mama, weil sie Familie, Job und Haushalt unter einen Hut brachte. Mütter und Töchter – ein Herz, eine Seele?

> Schnitt, 21. Jahrhundert. Laut einer Umfrage des GEWIS Instituts (2008) für die Zeitschrift *Für Sie* haben sich die Verhältnisse ziemlich geändert. Jetzt erklärten nur noch 23 Prozent, dass die Mutter ihre beste Freundin sei. Der Rest der Töchter hat eine distanziertere Haltung der Mutter gegenüber eingenommen. Bei Schwierigkeiten aller Art würden lieber gleichaltrige Freundinnen oder ältere Schwestern befragt. Die Mama als beste Freundin hat wohl ausgedient.

Ich entsinne mich noch an den fruchtlosen Versuch, meine damals Zwölfjährige aufzuklären. „Ach Mami", sagte sie, „das weiß ich doch alles schon lange, lass stecken!" Auch, dass ich ihr signalisiert habe, sie könnte sich in Liebesdingen immer gerne an mich wenden, wurde nicht wohlwollend quittiert.

Freundschaftlicher hat es da schon Sofia (17) erlebt. Von klein auf hatte sie ein enges Verhältnis zu ihrer Mutter. Hella war ein Jahr älter, als ihre Tochter es heute ist, als sie schwanger wurde. Der Erzeuger, ein jugoslawischer Gastarbeiter, hatte sich längst abgesetzt. Ein Drama damals. Vor allem deshalb: Die Familie lebte auf dem Land im streng katholischen Bayern. Der Herr Pfarrer schaute strafend, die anderen Dorfbewohner zerrissen sich das Maul. Selbst die eigene Familie stand nicht etwa zu Sofia. Sie wurde zur Tante ins Hessische geschickt. Irgendwann, Sofia war schon drei Jahre alt, durfte sie in das heuchlerische Umfeld zurückkehren. Hella aber war nicht untätig in der Verbannung gewesen. Sie hatte eine Sprachenschule besucht und sich zur Dolmetscherin ausbilden lassen. Inzwischen war sie 21 und damit volljährig und hatte nur eines im Sinn: weg aus diesem Kaff. Auf keinen Fall wollte sie ihre kleine Sofia bei den Eltern lassen. Sie fand einen Job als Dolmetscherin in einer großen Firma in Augsburg und für Sofia einen Krippenplatz. „Wir sind ein tolles Team!", sagte Hella ihren Freunden. „Fast wie Schwestern!"

Dafür wurden sie auch von vielen Leuten gehalten. Als Sofia 15 wurde, lernte Hella einen Mann kennen. Anfangs gefiel er auch ihrer Tochter. Als er dann jedoch in die Wohnung einzog, war es bei Sofia vorbei. „Er bevormundete uns beide. Irgendwie hatte ich den Eindruck, ich zählte für meine Mutter nicht mehr so viel wie früher!" Norbert übernahm das Zepter. Plötzlich wollte er auch bei Sofia und deren Erziehung mitreden.

„Mama war glücklich, und ich wollte ihr das nicht miesmachen. Sie nahm sich ja immer noch Zeit für mich. Wir gingen zusammen zum Yoga und anschließend in unser Lieblingsresto. Nur wir beide. Nobi durfte nicht mit."

Sofia verliebte sich in einen Jungen aus ihrer Schule. Natürlich erzählte sie es ihrer Mutter. „Er war zwei Jahre älter als ich. Irgendwann genügte ihm unsere Knutscherei nicht mehr. Ich erzählte es Mama und fragte, was ich tun sollte. Es war ein total lockeres, prima Gespräch. Sie war weder schockiert, noch riet sie mir ab! Im Gegenteil, sie machte mir bei ihrem Frauenarzt einen Termin, damit ich die Pille bekommen konnte. Meine Mutter hat mich natürlich trotzdem gewarnt, dass ich vorsichtig sein solle. Männer wollten oft *nur das eine*. Aber genau *das eine* wollte ich ja auch. Alle meine Freundinnen hatten schon Erfahrung. Das eine war dann gar nicht so wahnsinnig aufregend. Aber zumindest war ich jetzt auf dem Wissensstand meiner Freundinnen. Und dank Pille wollte auch der berüchtigte Klapperstorch nichts von mir wissen."

Haarige Monster im Bad

Nichts ist peinlicher für Mütter, als morgens – ungewaschen, unfrisiert, im Schlabbernachthemd – im eigenen Badezimmer einem fremden Kerl zu begegnen. Selbst dann, wenn er fröhlich einen guten Morgen wünscht und die Hand mit den Worten entgegenstreckt: „Ich bin der Jan." Und dann, wenn er das ratlose Gesicht seines Gegenübers sieht, hinzufügt: „Der Freund Ihrer Tochter!"

Derartige Überraschungen kennen viele Mütter. Rücksichtnahme, gutes Benehmen, nahezu alles ändert sich, wenn Töchter die Liebe und den Sex entdecken. Jede Mutter reagiert, je nach Temperament, anders. Und die Resonanz hängt wohl auch stark von ihren – positiven oder negativen – Erinnerungen an die eigene Teenagerzeit ab.

Mein erstes Erlebnis mit den spontanen Übernachtungsgästen meiner Tochter hatte ich, als sie 16 Jahre alt war. Ich kam gegen Mitternacht von einer Reise zurück. An der Garderobe hing eine schwarze Lederjacke. Offensichtlich gehörte sie einem Mann. Ungewöhnlicherweise war die Tür zu ihrem Zimmer geschlossen. Ich stand ziemlich ratlos im Flur. Was tun? Ich klopfte und bat sie, in mein Schlafzimmer zu kommen. Kurz darauf erschien sie. Mürrisch und ziemlich zerrauft.

> Mama: „Wem gehört die Lederjacke?"
> Tochter *(pampig)*: „Kennst du nicht!"
> Mama: „Dein Freund?"
> Tochter: „Hm. Was dagegen?"
> Mama *(säuerlich)*: „Das ist doch kein Hotel. Wer hier übernachtet, entscheide immer noch ich."
> Tochter *(kreischend)*:„Du warst doch nicht da. Wie hätte ich dich fragen können? Du bringst doch auch Leute ins Haus, die ich noch nie gesehen habe. Sei doch nicht so spießig. Kannst ihn dir ja morgen früh anschauen!"
> Mama *(tief Luft holend)*: „Ganz egal, wer es ist: Der Lederjackentyp verschwindet. Sofort!"

Tochter *(der Mama den Vogel zeigend)*: „Peinlicher geht's ja wohl nicht mehr."

Eine halbe Stunde später hörte ich, wie die Wohnungstür ins Schloss geschmissen wurde und wie meine Tochter ihre Zimmertür verrammelte. Als ich am nächsten Morgen aufwachte, war sie schon über alle Berge. Auf dem Küchentisch ein Zettel: „Damit du dich abregen kannst, übernachte ich ein paar Tage bei Suse."

Peinliche Spießerin. Das saß. Hatte ich überreagiert? Vielleicht hätte ich mir diesen *Freund* am nächsten Morgen vorknöpfen sollen? Ihn mir zumindest einmal anschauen? Meine Kleine war doch erst 16 ...

Ich besprach mich mit ein paar Freundinnen. Geteilte Meinungen. Von „Heute sind sie eben früher reif!" bis „Das geht ja gar nicht! Den Kerl hätte ich eigenhändig vor die Tür gesetzt!".

Es folgte eine etwas angestrengte Woche. Nach einer weiteren Woche einigten wir uns darauf, dass ich ihre Freunde erst kennenlernen würde, um mein Plazet zu geben. Natürlich maulte meine Tochter noch: „Und wie entscheiden wir, wenn er der gnädigen Frau nicht passt? Gibt's dann wieder einen peinlichen Auftritt?"

Ich bemühte mich, keine weiteren „peinlichen Auftritte" mehr hinzulegen. Kinder sind hin und wieder schon eine Prüfung. Ich habe sie sicherlich nicht immer mit Bravour gemeistert. Zu oft habe ich nachgegeben und manchmal das Falsche erlaubt. Wenn schon nicht beste Freundin: Als überfürsorgliche Glucke mochte ich nun wirklich nicht abgestempelt werden.

„Das verstehst du nicht, Mama."

Es war eine weißgrüne Packung: Die Antibabypille kam erstmals am 1. Juni 1961 in die westdeutschen Apotheken. Darauf stand *Anovlar*. Aber es gab sie zunächst nur auf Rezept und nur für verheiratete Frauen, die bereits Kinder hatten und an Regelbeschwerden

litten. Durch die Pille hat sich für Mütter und Töchter vieles zum Positiven hin verändert. Seither sind ungewollte Schwangerschaften seltener geworden. Inzwischen sind die Töchter allerdings auch von Mamas Warnung genervt: „Vergiss um Himmels willen nicht, regelmäßig die Pille zu nehmen."

Die Reaktion der Tochter: Kann die sich nicht endlich mal um ihren eigenen Kram kümmern?

Beide Generationen sind heute emanzipierter und offener zueinander. Inzwischen haben die Töchter auf einigen Gebieten einen enormen Einfluss auf ihre Mütter. Schaut man sich die vielen Umfragen von Frauenzeitschriften an, hat sich das Bild gravierend geändert: Zwölf Prozent der Mütter geben an, sich bei ihrer Tochter einen modischeren Kleidungsstil abgeguckt zu haben. Jede zehnte Mutter sagt außerdem, dass sie durch ihren Nachwuchs gelernt habe, Vorurteile abzulegen. Neun Prozent sind durch die Tochter im Alltag lockerer geworden. Hat eine Mutter mehrere Töchter, lernt sie am meisten von derjenigen, die sich am stärksten von ihr unterscheidet.

Die Welt dreht sich heute schneller als vor zehn, 20 Jahren. Hingen noch in den Fünfziger- und Sechzigerjahren die Töchter an den Rockschößen ihrer Mütter, waren es in den Siebzigern und Achtzigern nur noch wenige, die nach ihrer Mami riefen. Die Entfernung von der überfürsorglichen Mama wurde durch die Popmusik und später durch die immer präsenter werdenden digitalen Medien beschleunigt. Eine neue Welt tat sich für die Mädchen auf. Eine, zu der ihre Mütter kaum noch Zugang fanden. Virtuelle Welten, Facebook-Freunde und Instagram-Posts blieben und bleiben vielen Müttern fremd. Der Satz „Das verstehst du nicht!" dürfte in Familien zu Beginn des neuen Jahrtausends der vielleicht meistgesprochene gewesen sein. Auch heute leben viele Mütter auf einem Stern, der von dem ihrer Töchter Galaxien entfernt ist.

Emily ist gerade 15 geworden. Zum Geburtstag veranstaltete ihre Mutter eine Überraschungsparty. Emily durfte bis zu 25 Freunde einladen. Um alles andere kümmerte sich ihre Mutter. Die Party wäre eine Katastrophe geworden, hätte sich Emilys älterer Bruder nicht im letzten Moment eingemischt. Emilys Mutter war dabei, ein Fest auszurichten, über das sich vielleicht eine Zwölfjährige gefreut hätte. Mit Versteckspielen, Süßigkeiten und einem Clown. Von den Wünschen und Vorstellungen ihrer in der Pubertät stecken- den Tochter hatte sie keine Ahnung. Weder wusste sie, dass ihre Tochter heftig verliebt war und mit Clowns und Süßigkeiten nun wirklich nichts mehr am Hut hatte, noch kannte sie die teilweise äl- teren Freunde von Emily. Von wegen: beste Freundin. Davon konn- te auch in diesem Fall nicht die Rede sein.

Fabian, der Bruder, organisierte eine angesagte Schülerband, warf die affigen Girlanden in den Müll und sorgte für Döner und alkoholfreie Getränke. Emilys Mutter war entsetzt. Sie hatte ge- glaubt, alles über ihre Tochter zu wissen. „Aber sie ist doch immer noch mein kleines Mädchen!", sagte sie verständnislos, als Fabian das Fest in seine Hände nahm.

Professor Michael Thiel, ein Hamburger Diplom- Psychologe, der eine Familienstudie begleitete, for- muliert sehr treffend, dass wir, was die verschiedenen Generationen angeht, im „Zeitalter des Extremismus" leben. Auch in der mittleren Generation klafft die Schere immer weiter auseinander zwischen denen, die jung im Kopf und über aktuelle Trends auf dem Laufenden sind, und denen, die sich ernsthaft wun- dern, was die Tochter da schon wieder von sich gibt. Jung versteht Alt nicht mehr, und Alt fühlt sich oft aus- gegrenzt. „In vielen Familien ist die Kommunikation dramatisch schlecht", stellt Thiel fest. „Dadurch ent- fremdet man sich." Und er meint: Die 50-Jährigen von heute mögen sich zwar fühlen wie 30. Von der Lebenswelt ihrer Kinder seien sie trotzdem meilenweit entfernt. „Der Lebensrhythmus der Kinder von heute ist viel rascher als das, was wir früher so erlebt haben.

Die Interessen und Erfahrungen sind einfach nicht mehr kompatibel mit denen der Erwachsenen."
Zu denken und zu leben wie die Mütter, kommt für die Töchter kaum mehr infrage. Von intolerant und spießig über gestrig und peinlich geht die Einschätzung der Töchter. Und auch das möchte ich an dieser Stelle sagen: Mütter bemühen sich bei Weitem nicht immer, ihren Töchtern in deren Welt zu folgen.
Mein Tipp: Versuchen Sie es. Lassen Sie sich nicht abhängen, entwickeln Sie Interesse für die neuen Medien und bleiben Sie auch sonst auf dem Laufenden. Das hält jung, erweitert den Horizont, macht Spaß und hält Sie „online".

Matrophobie:
Niemals
wie meine
Mutter

Wenn Töchter erwachsen werden, koppeln sie sich von ihren Müttern ab. Das hat nichts mit Lieblosigkeit zu tun, das muss sein. Nabeln sie sich nicht beizeiten ab, ist der seelische Totalschaden vorprogrammiert. Wenn alles normal läuft, trocknet die Mami bei über 20-Jährigen nicht mehr bei jedem Kummer die Tränen – und liest ihnen auch keine Gutenachtgeschichten mehr vor. Die Heranwachsende muss ihren eigenen Blick auf die Welt entwickeln. Das heißt nicht, dass sie Ratschläge oder mütterliche Hilfsangebote ausschlagen sollte. „Selbstständig denken" heißt das Motto für ihren – hoffentlich rosigen – Werdegang.

Die Tochter wehrt Ähnlichkeiten ab, um ihre eigene Identität zu entwickeln. Sie reagiert jetzt erbost auf den Satz: „Du bist wie deine Mutter!" Für die Angst, so zu werden wie die Mutter, gibt es sogar ein Wort: *Matrophobie.* Bekannt gemacht hat es die amerikanische Schriftstellerin Lynn Luria Sukenick, als sie sich mit der Nobelpreisträgerin Doris Lessing und deren schwieriger Mutterbeziehung beschäftigte. Matrophobie ist eine weltweit verbreitete Angst. Die kanadische Familientherapeutin und Schriftstellerin Marilyn Irwin Boynton schreibt in ihrem Buch *Goodbye Mother – Hello Woman:* „Erwachsene Töchter reagieren oft noch auf die Mutter ihrer Kindheit. Sie springen auf ein vertrautes Muster an: Mütter kontrollieren, Töchter rebellieren." Boynton hält nichts davon, die Beziehung zwischen Mutter und Tochter in einen Krieg ausarten zu lassen. Im Gegenteil: Sie findet, dass es die Aufgabe der erwachsenen Tochter ist, das angeschlagene Verhältnis zu verbessern. „Wäre die Mutter in der Lage zu sehen, was sie falsch macht, und das zu ändern, hätte sie es längst getan." Sie rät, die Frau und nicht die Mutter zu sehen, sich hineinzuversetzen, wie sie erzogen wurde, um aus diesem Verständnis eingefahrene Rollen zu durchbrechen.

Die Perspektive der anderen einzunehmen, hält auch die bekannte amerikanische Soziolinguistin und Autorin Deborah Tannen für eine gute Möglichkeit, die Kommunikation zu verbessern. Allerdings sei es schwierig, wenn das nur von einer Seite aus passiere. Und besonders, sobald unterschwellige Botschaften ins Spiel kämen. Tannen beschreibt, wie eine Mutter ihre Tochter abschätzig mustert und sich folgender Dialog entspinnt.

> Mama: „Willst du das etwa anziehen?"
> Tochter: „Warum denn nicht?"
> Mama: „Weil man zu dieser Einladung ordentlich erscheint."
> Tochter *(frustriert)*: „Warum mäkelst du ewig an meinen Klamotten rum?"
> Mama *(pikiert):* „Das ist lächerlich. Ich wollte dir nur eine Blamage ersparen."

Ein klassischer Fall, bei dem sich die Mutter aus der Verantwortung stiehlt, indem sie sich auf ihre Aussage zurückzieht. Doch es ist meist die Message dahinter, die Gefühle verletzt. „Wenn sich jemand auf die wörtliche Bedeutung beruft, wird es schwer, den Konflikt auszuräumen, denn es war die Metabotschaft, die den anderen getroffen hat", stellt Tannen fest. Reagiert die Tochter darauf genervt und zählt die geschmacklichen Fehlentscheidungen der Mutter auf, ist ein erneuter Eklat nicht mehr zu vermeiden. Selbst wenn sie mit so mancher Kritik recht haben sollte, rückt der Familienfrieden erneut in weite Ferne. Dabei wäre es ziemlich einfach, dem Konflikt die Spitze zu nehmen: das Gespräch ohne Aggressionen suchen. Reden, reden, reden.

Und wenn das auch schiefgeht, Hilfe suchen bei einem versierten Therapeuten. Deborah Tannen meint, dass man Themen, von denen man weiß, dass sie immer in Streitigkeiten enden, möglichst ausklammern sollte. Und sie empfiehlt dringend eine Therapie. „Dort muss man dem anderen zuhören. Man lernt, auf Kleinigkeiten zu achten. Niemanden niederzubrüllen oder beleidigt aufzustehen und zu gehen. Viele Menschen lernen erst in einer Therapie, Gespräche zu führen." Beschuldigungen und Gehässigkeiten, die sich im privaten Rahmen bei Müttern und Töchtern einschleichen können, werden in einer Therapiesitzung selten mit der Radikalität ausgetragen wie in den eigenen vier Wänden.

Sigrid M. (45), Lehrerin, hat seit Jahren ein angespanntes Verhältnis zu ihrer 68-jährigen Mutter. „Meine Mutter", sagt sie, „hat seit einiger Zeit die Jalousien in ihrem Kopf völlig zugemacht. Sie will mich nicht verstehen. Dabei ist sie weder dement noch dumm. Dieser Zustand hat vor etwa zehn Jahren begonnen."

Sigrid berichtet: „Die Ehe meiner Eltern war nicht glücklich. Sie wurden von meinen Großeltern quasi verheiratet. Von Liebe war da nie die Rede. Meine Mutter kümmerte sich um den Haushalt und um meine Schwester und mich. Mein Vater hatte eine kleine Brauerei geerbt. Er war ein Weiberheld und ist es mit seinen 72 Jahren immer noch. Wir haben in einer Kleinstadt gelebt. Seine Affären waren stadtbekannt. Er hat auch niemals versucht, sie zu verheimlichen. Was er damit unserer Mutter antat, hat ihn nie interessiert. Mutter hat immer nur geschluckt. Nie aufbegehrt. Sie bekam Magengeschwüre und Depressionen.

Als wir Mädchen erwachsen waren, haben wir sie zu überzeugen versucht, sich von unserem Vater zu trennen. Sie war über diesen Vorschlag entsetzt. Dazu muss man noch sagen: Mama ist tiefgläubig, rennt jeden Sonntag in die Kirche und geht regelmäßig zur Beichte. Ich war Mitte 30 und hatte ein Verhältnis mit einem verheirateten Mann. Zwischen uns war klar, dass er sich, allein wegen seiner drei Kinder, nicht scheiden lassen würde. Für mich kein Problem. Als ich ihn einmal mit nach Hause brachte, fragte meine Mutter ihn aus. Er verschwieg seine Ehe nicht. Meine Mutter war außer sich! „Das ist eine Sünde", schimpfte sie. „Du wirst dieses Verhältnis sofort beenden! Man muss sich ja deinetwegen schämen!" Als ich sie fragte, wie sie denn die ewigen Fehltritte unseres Vaters sehen würde, sagte sie: „Was fällt dir ein, deinen Vater zu kritisieren! Das ist allein seine Sache!" So viel Bigotterie machte mich sprachlos. Sie verbot mir das Haus, wenn ich nicht die Beziehung zu meinem Freund aufgeben würde. Ich komme inzwischen nicht mehr an sie heran. Alle meine Gesprächsangebote schmettert sie ab."

Dany (15) ist begeisterte Tennisspielerin. Ihr Trainer sagt sogar, dass mit entsprechendem Engagement etwas aus ihr werden könnte. Angelique Kerber ist ihr großes Vorbild. Danys Leben dreht sich um Sport. Neben Tennis ist sie eine leidenschaftliche Reiterin und klettert, sooft sie ihre älteren Brüder mitnehmen, in den bayerischen Bergen herum. Sie ist nicht der Typ, der viel Wert auf coole Klamotten legt. Ihre braunen Haare hat sie zu einem Pferdeschwanz gebunden, die Jeans sind meist ausgebeult und ihre Fingernägel jenseits von gepflegt.

Danys Mutter besitzt einen stylischen Secondhandladen. Manchmal, in den Ferien, hilft Dany dort aus, um ihr Taschengeld aufzustocken. Das ist die Zeit, in der Dany und ihre Mutter mörderischen Stress haben. „Ma würde mich immer am liebsten wieder nach Hause schicken", erzählt sie. „Sie findet, ich sähe aus wie ein ‚ungemachtes Bett'. Dann soll ich irgendwelche affigen Klamotten anziehen, die bei ihr rumhängen. Weil ich als ihre Tochter nicht so herumlaufen könne. Als sie mir in den letzten Ferien dann auch noch mit Make-up und Lippenstift kam, bin ich fast ausgetickt." Dany schrie ihre Mutter an, dass sie nicht so aussehen wolle wie diese. „Wie ein Zirkuspferd macht sich Ma zurecht. Von allem zu viel. Zu viel Schminke, zu tiefer Ausschnitt und zu lautes Lachen. Ich finde sie nur noch megapeinlich!"

Alissia (39), Danys Mutter, war schockiert. Sie wusste nicht, was sie falsch gemacht hatte. „Ich will doch nur, dass sie hübsch aussieht!", sagt sie. „Mit ein paar kleinen Kniffen könnte Dany so viel mehr aus sich machen! Sie sollte sich an mir ein Vorbild nehmen. Ich lasse mich doch auch nicht gehen!" Dass Dany aber genau das nicht möchte, versteht Alissia nicht.

> Die Psychologin Kira Birditt von der Universität von Michigan in Ann Arbor hat eine Untersuchung mit 474 Müttern und deren erwachsenen Töchtern gemacht. Sie wollte die Beziehungen von beiden zueinander ergründen. „Das Mutter-Tochter-Verhältnis zählt eigentlich zu den dauerhaftesten sozialen Bindungen, die

Menschen eingehen", sagt sie. „Die Verbindung ist oft positiv und unterstützend, enthält aber immer auch Gefühle von Irritation und Spannung."

Die Mütter empfanden das Verhältnis meist negativer als ihre Töchter, wobei Lebensweise und Verhalten der Sprösslinge die Hauptstreitpunkte bildeten. Birditt erklärt dies damit, dass die Mütter, aber auch die Väter, mehr Gedanken und Sorgen in die Beziehung investiert hätten als die Kinder. Es zeigte sich auch, dass Mütter die Beziehungen zu ihren Töchtern im Durchschnitt schlechter einstuften als die zu ihren Söhnen. Birditt ist zugleich aber überzeugt, dass Frauen generell ein engeres Verhältnis zu ihren Eltern haben als Männer. Unabhängig vom Geschlecht stufte der Nachwuchs die Beziehung zur Mutter schlechter ein als die zum Vater.

Zur Überraschung der Forscherin verschlimmerten sich die Probleme mit zunehmendem Alter. Möglicherweise erwarten betagte Mütter/Eltern von ihren Kindern mehr Zuwendung, während die Söhne und Töchter ihr Leben nach ihren eigenen Vorstellungen einrichten. „Ich bin dann wohl abgemeldet", jammern manche Mütter und vergrößern dadurch noch die Kluft zur Tochter. Es würde wahrscheinlich schon helfen, wenn sie sich vergegenwärtigen würden, wie sie selbst sich ab einem bestimmten Alter von ihren Müttern abgrenzten. Die verschiedenen Generationen werden immer unterschiedliche Vorstellungen und Ideen haben. Irgendwann sollten Töchter sich von der heimischen Brutwärme (friedlich!) entfernen.

Marmormütter und Eisprinzessinnen

Beatrice S. (38) hat eine Mordswut auf ihre Mutter. „Sie ist ein Eisblock. Als kleines Mädchen hat sie mich nie in den Arm genommen. Wenn ich geweint habe, war sie als Trösterin nicht vorhanden. Ich musste essen, was auf den Tisch kam. Habe ich mal gemeutert, hat sie streng gesagt: ‚Andere Menschen hungern!‘ Mein Vater war immer der Ansicht: ‚Deine Mutter meint es doch nicht böse!‘ Aber wie meinte sie es dann? Als Teenie hab ich die scheußlichsten Klamotten bekommen. Kein Protest nützte etwas. Ihre Antwort war stets: ‚Nimm dir ein Beispiel an mir. Ich renne auch nicht in zu engen Hosen oder Röcken herum, die knapp den Po bedecken.‘ Sie als modisches Beispiel zu nehmen, war ein schlechter Witz. Meine Mutter kleidete sich für meine Begriffe wahnsinnig spießig. Was modisch ist, hat sie nie interessiert. Hauptsache, der Stoff war ‚edel‘ oder ihre genauso biedere Freundin trug etwas Ähnliches.

Hatte ich schlechte Noten, immer in Mathe und Chemie, bekam ich nicht wie andere Kinder Nachhilfe. Dann hieß es: ‚Streng dich mehr an!' Einmal, als ich kurz vor dem Durchfallen war, bat ich meinen Vater in meinen schlechten Fächern um Hilfe. Sie ging dazwischen. ‚Unterstütze ihre Faulheit nicht auch noch!', sagte sie. Ich fuhr dann zu meinem Vater ins Büro. Dort lernte er mit mir. ‚Mama darf davon nichts erfahren', bat er. ‚Sie hatte so strenge Eltern und kennt es nicht anders.' Als ich die Versetzung schaffte, sagte sie triumphierend zu mir: ‚Wie man sieht, geht es ja auch, wenn du dich ein wenig anstrengst!'"

Inzwischen hat Beatrice selbst eine kleine Tochter. „Vielleicht verwöhne ich sie zu sehr! Aber die Eiseskälte, die ich von meiner Mutter kenne, ist mir noch unbegreiflicher. So ein kleiner Mensch braucht doch Wärme und echte Fürsorge!"

Ich kenne wenige Frauen, die nicht aus der Haut fahren, wenn sie mit ihrer Mutter verglichen werden. Ich selbst gehöre dazu! Der Satz „Du bist ja wie deine Mutter" – meist mit negativem Unterton ausgesprochen von Männern – hat gewaltiges Konfliktpotenzial. Hätte mich ein Typ früher mit meiner Mutter verglichen, wäre ich ihm ins Gesicht gesprungen. Sie war exzentrisch, eifersüchtig und, wenn sie schlecht drauf war, von einer nicht zu überbietenden Arroganz. Eine Eisprinzessin war eine Heizdecke gegen sie. Ich schreibe das in der Hoffnung, von dieser unterkühlten Art nicht allzu viel abbekommen zu haben ... Aber Hand aufs Herz: Vielleicht sollte man mal kontrollieren, zu welchen Unsitten man selbst neigt. Nicht umsonst echauffiert sich die eigene Tochter über den angesprochenen Satz meist genauso wie man selbst.

Die ewige Glucke – Hilfe, ich ersticke!

„Es begann an meinem ersten Schultag. Meine Mutter brachte mich morgens hin und holte mich nach vier Schulstunden wieder ab", erzählt Gesine (42). Gesine, die als Empfangsdame in einem

Konzern arbeitet, hat keine guten Erinnerungen an ihre Mutter. „Ich schien ihr Besitz zu sein. Nichts durfte ich ohne ihre Einwilligung oder ihr Beisein tun!"

Gesines Mutter hatte, als sie schwanger wurde, sofort ihren Beruf als Vorstandssekretärin aufgegeben. Sie wollte nur noch für dieses Kind da sein. Zwingende finanzielle Gründe zu arbeiten gab es nicht. Der Vater war ein gut beschäftigter Architekt. Also wurde Gesine zum Lebensinhalt ihrer Mutter. Zum einzigen!

„Als kleines Kind fand ich das noch schön. Ich wurde verwöhnt. Ganz gleich, was ich mir wünschte, ich bekam es."

Später, als Gesine aufs Gymnasium ging, holte ihre Mutter sie nach Schulschluss regelmäßig ab. Ihre Mitschüler begannen sich über diese Mutter lustig zu machen. „Warum tut sie das?", fragte Katie, Gesines beste Freundin. „Hat sie Angst, dir passiert etwas auf dem Heimweg? Oder misstraut sie dir?"

Gesine begann sich zu schämen. Sie bat ihre Mutter, das zu unterlassen. „Ich bin kein kleines Kind mehr", sagte die damals 15-Jährige. „Bitte Mama, alle machen sich schon über mich lustig!"

„Aber wir gehen doch anschließend meistens in die Stadt, und du darfst dir etwas aussuchen. Eine neue Jeans, T-Shirts oder Schuhe. Das hat dir doch immer so viel Spaß gemacht. Deine Mitschüler sind nur neidisch." Egal, welches Argument Gesine vorbrachte, ihre Mutter verstand sie nicht. „Ich habe dann überraschende Zusatzstunden erfunden oder bin zum Hinterausgang entwischt!"

Um alles sorgte sich Gesines Mutter. Wenn es kalt war, musste sie Klamotten tragen, in denen sie sich wie für eine Nordpol-Expedition ausstaffiert fühlte. War es warm oder gar heiß, packte die *Over-Protecting*-Mutter ihrer Tochter eine große Flasche eines scheußlich riechenden- und schmeckenden Tees in die Mappe. „Damit du gesund bleibst!"

Gesine goss das Gebräu noch auf dem Schulweg in den Rinnstein. „Siehst du", sagte ihre Mutter dann meistens triumphierend. „Dass du nicht krank geworden bist, verdankst du nur meinem Tee!"

Es wurde dramatisch, als Gesine begann, sich für Jungs im Allgemeinen zu interessieren – und für einen im Speziellen: Chris.

Die Mutter wollte alles haarklein wissen. Wer dessen Eltern waren und ob er versuche, sie „ins Bett zu zerren". Überhaupt wollte sie „diesen Knaben" dringend kennenlernen. Also zitierte Muttern ihn zu sich nach Hause. Das Interview war so peinlich, dass Gesine am liebsten im Boden versunken wäre.

„Außer einer Knutscherei war nichts passiert. Meine Mutter erklärte Chris, wie er verhüten sollte, und hielt einen Vortrag über Liebe und Beziehungen. Ich habe sie dafür gehasst!" Chris wurde das alles zu viel.

„Das ist ja hier wie bei der Stasi. Deine Mutter geht mir auf den Keks. Das ist mir echt *too much*." Gesine heulte sich die Augen rot. Chris war, zumindest zu dieser Zeit, ihre große Liebe. Es gab einen Riesenstreit zwischen Mutter und Tochter.

„Das habe ich doch nur für dich getan!", verteidigte die Mutter ihre Übergriffigkeit. „Und wenn dieser unreife Typ nicht einsieht, dass ich als Mutter für dich verantwortlich bin, dann ist's um ihn nicht schade!"

Es gab noch mehr solche unverzeihlichen Aktionen ihrer Mutter. Mal verbot sie Gesine den Umgang mit einem Jungen, mal waren ihr deren Übernachtungen bei der besten Freundin verdächtig. Sie rief deren Eltern an und machte richtigen Terror. Gesines Vater lehnte jegliches Gespräch mit seiner Frau über die Vorfälle ab. „Das ist Weiberkram", sagte er und hielt sich raus. Sehr zur Enttäuschung von Gesine. „Meine Tochter ist mein Ein und Alles", sagte ihre Mutter jedem, der es nicht hören wollte.

Wenn dem wirklich so war, dann konnte einem diese Mutter nur leidtun. Sich an sein Kind zu klammern und es beherrschen zu wollen, zeigt vor allem die große Leere im eigenen Leben. Die Ehe schien keinerlei Reiz mehr zu haben. Auch ihre Freunde lenkten sie kaum von ihrer vermeintlichen Aufgabe ab, über ihre Tochter zu wachen.

Auch meine Mutter war ein Kontrollfreak. Jeder Freund wurde von ihr gescannt. Anfangs ging es um Sex und ungewollten Nachwuchs. Es war ihr keineswegs peinlich, den einbestellten

Typen auf Kondome anzusprechen. Später wollte meine Mutter alles über die Familie meines jeweiligen Liebsten wissen. Nach dem Motto: Man sollte tunlichst nicht in niedrigere soziale Verhältnisse hineinrutschen. Im Klartext hieß das: Vermögen muss satt vorhanden sein! Arme Schlucker waren es ihrer Meinung nach nicht wert, mit ihrer Tochter zu verkehren. Diesen Verhörmethoden konnte ich mich nur entziehen, indem ich, so früh es ging, den heimischen Herd verließ. Natürlich: Zeter und Mordio ihrerseits. Mein Vater, der eigentlich immer auf meiner Seite war, stoppte sie diesmal nicht. „Das legt sich. Lass sie doch einfach! Ihre Drohungen werden genauso verpuffen wie alles andere!" Wirklich glücklich machte mich das nicht! Ein Machtwort von ihm hatte ich schon erwartet.

Als ich längst in München etabliert war, wollte meine Mutter wahrscheinlich – vor wem auch immer – beweisen, welch „gute Mutter" sie doch letztlich war: Sie rief jeden Tag an und fragte mich unsinnigerweise, ob ich auch genug gegessen hätte und rechtzeitig zu Bett ginge. Wo ich doch als Volontärin einen so anstrengenden Job hätte!

Arg wurde es, wenn sie anreiste. Natürlich nicht, um mich zu kontrollieren. „Aus Sorge", sagte sie. Jetzt endlich griff mein Vater ein und unterband diese Kontrollen. Meine Einwände gegen ihr Klammern bürstete sie ab. Wenn ich ihr ehrlich sagte, wie sehr mir das auf die Nerven ging, war sie beleidigt und fand mein Benehmen ungebührlich! „So spricht man nicht mit seiner Mutter" war meistens ihre Antwort. Ich habe es schließlich aufgegeben und nicht mehr versucht, ihr meinen Standpunkt zu erklären. Unser Verhältnis war geprägt von Missverständnissen und Tabus. Das hat sich auch im Laufe der Jahre nicht wesentlich geändert.

Als ich zum dritten Mal verheiratet war, endlich ein Kind bekam und weiterhin meinen Beruf ausüben wollte, griff sie ein. Ich hatte eine zuverlässige Kinderfrau engagiert, weil ich für zwei Wochen beruflich unterwegs war. Meine Mutter reiste an, musterte die Kinderfrau – mit besten Referenzen – und nahm ihr Enkelkind mit. „So etwas gibt es in unserer Familie nicht!" war ihr Kommentar. Gott sei Dank habe ich das erst nach meiner Rückkehr erfahren.

Eine Psychologin, der ich mein Mutter-Tochter-Verhältnis einmal schilderte, meinte dazu, dieses Besitzergreifen von Müttern sei sehr häufig. Der Weg aus dieser Falle: schonungslose Kommunikation. Mütter und Töchter müssten lernen, alles, was sie fühlen und denken, sich selbst und der Mutter gegenüber ehrlich und offen anzusprechen. Sie müssen ihren Wahrnehmungen und Gefühlen vertrauen und sich gegenseitig ernst nehmen. Dann kann die Beziehung eine völlig neue Qualität entwickeln. Wer bei sich selbst ankommt, kann es sich leisten, auch dem anderen näherzukommen!

Für meine eigene Mutter-Tochter-Beziehung war es leider zu spät. Ich konnte nur bei meiner Tochter versuchen, die Fehler meiner Mutter zu vermeiden.

Wobei ich freilich vor anderen Fehlern nicht gefeit war.

Mein dringender Rat daher an alle Klammeräffchen-Mütter: Besorgen Sie sich ein eigenes Leben.

Mutterseelenallein:

Kinder
ohne
Mütter

Bei den Vorbereitungen zu diesem Buch fragte ich auch bei meinen Freundinnen nach deren Beziehungen zu ihren Töchtern. Wie bei vielen Interviews zum Thema Familie hörte ich rührende, aber auch erschreckende Storys. Geschichten, die man mir nur erzählte, weil ich das hochheilige Versprechen gab, niemals die Klarnamen zu veröffentlichen. Dazu gehört auch die folgende Geschichte.

Eine meiner besten Freundinnen ist ohne ihre Mutter aufgewachsen. Katherinas Mutter starb kurz nach deren viertem Geburtstag. Die ersten Jahre kümmerte sich eine der beiden Omas um Kathi. Die andere Oma wollte sich nicht mit einem Kleinkind belasten. Kathis Vater, ein viel beschäftigter Konzertveranstalter, tauchte, sooft er in der Stadt war, kurz bei seiner Mutter auf, strich Kathi über die Wange und war dann auch sofort wieder verschwunden.

Kathi war sechs Jahre alt, als die Oma, die sie liebte, starb. „Ich habe damals überhaupt nicht verstanden, was los war. Ich durfte nicht in das Zimmer, in dem Oma lag. Dass das Wort *tot* etwas Schreckliches bedeutete, wusste ich. Mein kleiner Hund war einen Monat vor Omas Tod überfahren worden. Ich saß also weinend in meinem Zimmer. Später holte mich Papas Schwester ab. Nicht einmal verabschieden durfte ich mich von meiner Oma!"

Ein Vierteljahr blieb Kathi bei der Tante. Dann kam ihr Vater. „Er sagte, er habe eine Überraschung. Ich dürfe jetzt mit ihm ‚nach Hause' fahren!" An zu Hause hatte Kathi keinerlei Erinnerungen. Auf der Fahrt erzählte ihr Vater, dass ihr Zimmer schon für sie eingerichtet wäre. Kathis Vater besaß eine große Villa in einem Nürnberger Stadtteil. Die dunkelhaarige Frau, die sie empfing, stellte ihr Vater so vor: „Kathi, Schatz, das ist deine neue Mama!"

Katherina mochte die neue Frau ihres Vaters nicht „Mama" nennen. Das Verhältnis der beiden lief von Anfang an schief. Susanne, die plötzlich Stiefmutter war, kam mit der Rolle nicht zurecht. Sie war völlig überfordert. Mal ließ sie Kathi alles durchgehen. Dann bestrafte sie das Mädchen streng.

Kathi hatte auf dem Dachboden in einer großen Schachtel Fotos ihrer verstorbenen Mutter gefunden. Damit tapezierte sie ihr ganzes Zimmer. Morgens begrüßte sie die Mutter auf den Fotos. Abends sagte sie ihr gute Nacht. Natürlich gefiel dieser Kult Susanne nicht. Sie befahl Kathi, alle Fotos bis auf eines für den Nachttisch von den Wänden zu nehmen. Kathi weigerte sich.

Am nächsten Tag kam sie nach der Schule nicht nach Hause. Zwei Tage war Kathi verschwunden. Hartnäckig verschwieg sie auch danach, wo sie sich in diesen Tagen aufgehalten hatte. Ihr Vater begriff, dass es mit seiner neuen Frau und Kathi nie wirklich gut laufen würde. Er fand, die beste Lösung für seine Tochter wäre, wenn er ein Internat für sie suchen würde. Kathi war damit einverstanden. „Das hier ist nicht mein Zuhause!", sagte sie zum Abschied zu ihrer Stiefmutter. Und trotzig zu ihrem Vater: „Da muss ich wenigstens Susanne nicht mehr sehen!" Auch Susanne selbst schien erleichtert.

Ihre Noten waren zwar sehr gut, aber Kathi konnte nur schwer Freundschaften schließen. Sie war misstrauisch und abweisend den Mitschülern gegenüber. Zärtlichkeit und Wärme hatte sie nur bei der Oma gefunden. Für sie war jetzt alles leer und kalt. Sie war fünfzehn, als sie aus dem Medikamentenschrank, der im Arztzimmer des Internats stand, zwei Schachteln Schlafmittel klaute und diese schluckte. Auf ihrem Schreibtisch lag ein Zettel: „Mami, morgen bin ich bei dir!"

Im nahen Krankenhaus wurde ihr der Magen ausgepumpt. Als sie aufwachte, saß ein völlig verzweifelter Vater an ihrem Bett. „Warum, Kathi? Warum hast du das getan?", fragte er immer wieder. Sie antwortete damals: „Weil mich niemand lieb hat!"

Meine Freundin hat es Jahre später erneut versucht. Wieder mit Schlaftabletten. Damals habe ich sie gefunden. Sie hat dann eine Therapie begonnen, die ihr anscheinend geholfen hat. Heute hat Kathi zwei erwachsene Töchter und drei Enkelkinder. Ihre Ehe mit einem englischen Wissenschaftler ist nach wenigen Jahren gescheitert. Die Töchter blieben bei der Mutter. Eine von ihnen, Jana, lebt in Rom und ist als Managerin einer Kosmetikfirma sehr erfolgreich. Die andere, Judith, ist Psychiaterin in London.

Ich kenne die „römische" Tochter sehr gut. Dreimal im Jahr reist

Kathi zu ihr nach Italien. Dann übernimmt sie das Kommando. Als ich sie fragte, ob das nicht ziemlich übergriffig wäre, sagte Kathi: „Ich muss meiner Familie doch zeigen, dass ich für sie da bin. Es ist ja schon schlimm genug, dass ich in München lebe. Die beiden Mädchen brauchen doch Liebe und Geborgenheit. Ihre Mutter ist so oft nicht da!"

Jana rief mich nach einem der Besuche ihrer Mutter an. „Kannst *du* nicht mit der Mami reden? Sie mischt sich in jedes kleinste Detail ein. Egal, ob es nun meine Klamotten sind, mein Fahrstil, was ich koche oder mit wem ich mich treffe. Von den Kindern kommen die gleichen Klagen. Wir haben sie alle wirklich sehr gern. Aber wenn sie anruft und ihr Kommen ankündigt, herrscht bei uns miese Stimmung. Lara, meine Jüngste, sagte neulich: ‚Wetten, dass Oma mault, wenn sie sieht, dass ich meine langen Haare abgeschnitten habe! Und wenn sie Mamas neuen Freund kennenlernt, hat sie bestimmt auch gegen den etwas!' Was soll ich tun?"

Ich versuchte, Jana zu erklären, warum ihre Mutter glaubt, sich in alles einmischen zu müssen. Dass sie zwar eine relativ erfolgreiche Therapie absolviert, aber Angst hatte, für ihre Kinder nicht wirklich präsent zu sein. Was ein Zusammenleben mit ihr nahezu unmöglich machte.

Mein späteres Gespräch mit der Freundin war auch wenig vergnüglich. „Ich tue doch für alle, was ich kann! Ist das denn zu wenig? Ich liebe meine Familie eben." Und dann, außer sich: „Vielleicht mögen die mich ja gar nicht!"

Das ist jetzt ein gutes Jahr her. Vor einigen Wochen rief mich Jana an. „Was hast du denn mit der Mami angestellt? Sie ist total verändert. Fragt, bevor sie die Wohnung umräumt. Meckert kaum mehr rum und hat mir zum ersten Mal ausführlich aus ihrer eigenen kaputten Kindheit erzählt! Am tollsten finde ich: Sie hat auf einer Veranstaltung einen Mann kennengelernt. Mami ist richtig angefixt! Jetzt entschuldigt sie sich dafür, dass sie so oft unterwegs ist!" Ein Seufzer der Erleichterung! Ende gut, alles gut? Hoffentlich!

Gefühle, die auf Eis liegen

Der Tod eines Elternteils gehört zu den erschütternden Erfahrungen im Leben. Je früher er eintritt, desto gravierender sind die seelischen Folgen. Die Liebe, die Fürsorge und die Wärme einer Mutter sind das Wichtigste für ein Kind. Ohne sie *verdurstet* ein Baby oder Kleinkind. Wer als Kind verwaist, hat noch Jahrzehnte später ein erhöhtes Suizidrisiko. Besonders groß ist die Gefahr, wenn die Kinder jünger als sechs Jahre alt sind. Dabei reagieren Jungen anders als Mädchen auf den Verlust eines Elternteils.

Wissenschaftler aus Skandinavien zeigen im Fachmagazin *Jama Psychiatry,* dass die Traumatisierung noch viele Jahre nachwirken kann. Auch bei Jugendlichen, die einen Elternteil verloren haben, ist die Selbstmordrate über Jahrzehnte hinweg erhöht. Das Forscherteam um Mai-Britt Guldin von der Universität Aarhus hat die nationalen Gesundheitsregister von mehr als 7,3 Millionen Menschen in Dänemark, Schweden und Finnland ausgewertet. Fast 190.000 Menschen in den skandinavischen Ländern erlebten den Tod ihrer Eltern vor dem 18. Lebensjahr. Im Vergleich zu Gleichaltrigen, deren Eltern erst später starben, traten in der Gruppe der Halbwaisen und Waisen doppelt so viele Suizide auf. Besonders hoch war das Risiko, wenn Kinder ihre Mütter vor dem sechsten Lebensjahr verloren hatten sowie unter Erstgeborenen. Denn ältere Geschwister sind psychisch häufig überfordert, wenn sie die Mutterrolle übernehmen müssen. Die Wahrscheinlichkeit für einen Selbstmord war im gesamten Untersuchungszeitraum von 40 Jahren erhöht. „Ärzte, Therapeuten und andere Betreuer sollten sich darum bemühen, Kindern den Verlust und die damit verbundenen Belastungen erträglicher zu machen", sagt Guldin. „Auf diese Weise lassen sich womöglich einige Suizide verhindern."

Da in den westlichen Ländern zwischen drei und vier Prozent der Kinder und Jugendlichen einen Elternteil verlieren, sind viele Menschen von diesem Ereignis betroffen, das besonders einschneidend und schädlich für Körper wie Seele ist. Die Auswertung in Skandinavien zeigt, dass sich zwei von 1000 Mädchen umbringen, wenn die Mutter vor ihrem 6. Lebensjahr verstorben ist. Das Risiko für einen Suizid erhöhte sich um das Dreifache, wenn ein Elternteil sich selbst getötet hat.

Mädchen, die ihre Mutter verlieren, erleiden einen Schock. Sie versuchen, eine Beziehung zu einer neuen Bezugsperson aufzubauen. Ein Kind, dem dies nicht gelingt, wird entweder teilnahmslos und geht gar keine Bindung mehr ein, oder es lernt, schnell Kontakte zu knüpfen, ohne sich emotional zu engagieren. Der Psychoanalytiker John Bowlby, der als Erster annahm, dass die Bindung zwischen Mutter und Kind biologische Grundlagen hat, schildert es so: „Ein Kind, das nach dem Tod der Mutter in einem Heim oder Krankenhaus lebt, wird über einen Wechsel seiner Bezugspersonen nicht mehr traurig sein. Es wird dem verbleibenden Elternteil gegenüber kaum mehr Gefühle zeigen. Oft täuscht es Fröhlichkeit oder Interesse vor, aber diese soziale Angepasstheit ist oberflächlich; man erkennt, dass das Kind sich aus niemandem mehr etwas macht."

Die Forschung über seelischen Schmerz und den Zusammenhang mit körperlichen Schmerzen ist heute um einige Erkenntnisse reicher. Die Sozialpsychologin Naomi Eisenberger von der University of California in Los Angeles und ihr Kollege Kyle

Ratner von der Uni Santa Barbara haben festgestellt, dass soziale Schmerzen von denselben Regionen des Gehirns verarbeitet werden wie körperliche Schmerzen. Patienten, die von Einsamkeit, Minderwertigkeitsgefühlen und anderen seelischen Torturen heimgesucht wurden, sprachen auf Schmerzmedikamente wie Paracetamol, Ibuprofen etc. an. Medikamente, die man ohne Rezept in der Apotheke bekommt. Eine Möglichkeit, die schwarzen Gedanken zu verjagen? Eine, die vielleicht auch bei meiner Freundin die Selbstmordabsicht hätte gar nicht erst aufkommen lassen. Allerdings weiß man noch zu wenig, um eventuelle Nebenwirkungen völlig ausschließen zu können.

Papa ist der Beste?

Die Mutter ist in den ersten Jahren die wichtigste Bezugsperson im Leben ihrer Tochter. Aber natürlich haben auch die Väter enormen Einfluss auf deren Entwicklung. Schließlich ist der Vater der erste Mann, der das Kind in die Arme nimmt. Mädchen lernen beim Vater etwas über Männer. Sein Verhalten prägt ihr Männerbild entscheidend und hat auch bei der späteren Partnersuche großen Einfluss. Viel hängt von der Art ab, wie dieser Mann mit dem kleinen Mädchen umgeht. Ob er innig, feindselig, neutral oder abwesend ist. Welche Werte will er dem Mädchen mitgeben? Wie geht er mit der Mutter um? Jede Vater-Tochter-Beziehung ist dabei einzigartig. Väter hinterlassen unauslöschbare Spuren im Leben der Mädchen, und ihr Verhalten wird den Lebensverlauf der Tochter maßgeblich beeinflussen.

Jugendtherapeutin Dr. Meg Meeker erklärt, dass Frauen später vor allem Männer attraktiv finden, die sie so behandeln, wie der Vater es getan hat. Die meisten Menschen sehnen sich nach vertrauten und bekannten Verhaltensweisen und haben Angst vor Veränderung. Vor allem deshalb erwähnt Meeker in ihrem Bestseller *Strong Fathers, strong Daughters,* dass Väter unbedingt erkennen müssen, wie stark sich ihr Verhalten auf die weitere Lebensentwicklung ihrer Töchter auswirken kann. Wenn ein Mädchen beispielsweise mitbekommt, dass der Vater die Mutter schlecht behandelt, erhöht sich die Wahrscheinlichkeit, dass sie sich später von Männern angezogen fühlt, die ebenso mit ihr umgehen.

Für die Ausprägung des Selbstbewusstseins im Erwachsenenalter ist der Einfluss des Vaters sogar entscheidender als der der Mutter: „Väter vermitteln Töchtern einen Sinn für Stärke und eine große Menge Selbstbewusstsein", erklärt Meeker. Ihrer Meinung nach sind sich Töchter der grenzenlosen Liebe einer Mutter viel sicherer als der eines Vaters. Wenn der Vater ihnen Aufmerksamkeit schenkt, fühlen sie sich besonders gut und haben das Gefühl, ihr Leben unter Kontrolle zu haben. Väter sollten ihre Töchter deshalb auf keinen Fall nur wegen ihrer Schönheit rühmen, sondern sich vor allem auf die inneren Werte konzentrieren.

Untersuchungen von Professor Wassilios E. Fthenakis zeigen zudem, dass Mädchen, die ein gutes Verhältnis zu ihrem Vater haben, weniger zu Depressionen neigen und seltener Drogen nehmen. Sie entwickeln sehr viel weniger Essstörungen oder andere psychische Auffälligkeiten. „Väter, die ihre Töchter ermutigen und fördern, sind so etwas wie eine Freikarte für beruflichen Erfolg und ein erfülltes Liebesleben einer Frau", erklärt auch Psychologin Angelika Faas in der *Welt*.

Eine Studie, die im amerikanischen Fachmagazin *Psychological Science* veröffentlicht wurde, offenbart, welche Rolle Väter auch für die spätere Emanzipation ihrer Töchter spielen. Denn je mehr der Vater die tatsächliche Gleichberechtigung von Mann und Frau vorlebt, desto emanzipierter kann die Tochter später auch durchs Leben gehen. Mütter, die von Anfang an alleinerziehend sind, haben es dagegen ungleich schwerer mit ihren Töchtern. Diese Mädchen werden meistens unsicherer gegenüber Männern, wenn sie ins Erwachsenenalter kommen. Woran sollten sie auch ihr Männerbild schärfen? Brüder oder Großväter sind da wenig geeignet.

Das allererste Buhlen um die männliche Aufmerksamkeit findet nun einmal beim Vater statt. Schon das kleine Mädchen probiert an ihm ihren Charme aus. Sie ist, ohne es zu wissen, die Konkurrentin der Mutter. Sie kuschelt, sie flötet und sagt unaufgefordert: „Ich hab dich lieb, Papi!"

Welche Frau kann mit dieser Kanonade an Emotion und Charme schon mithalten? Viele Frauen reagieren denn auch eifersüchtig auf ihre Töchter. Sie begreifen nicht, dass da keine kleine Hexe am Werk ist, sondern dass sich hier ein zukünftiges Weib ausprobiert! Nicht mehr – aber auch nicht weniger.

Wie Väter ihre Töchter prägen

Etwa 20 Prozent der Kinder wachsen heute ohne Vater auf. Eine Langzeitstudie an der Mannheimer Normalbevölkerung ergab, dass jene, denen in den ersten sechs Lebensjahren der Kontakt zum

Vater fehlte, noch über 50 Jahre später ein deutlich höheres Risiko für psychische Störungen aufwiesen als Kinder, die Kontakt zum Vater hatten.

Sonja (39), die in einer geschiedenen Ehe aufwuchs, verlagerte ihre Frustrationen und den Liebesentzug ihres Vaters später auf ihren Ehemann. „Mein Vater war an den wirklich wichtigen Stationen meines Lebens nicht vorhanden. Entweder war er beruflich verhindert, oder er sah einfach keine Notwendigkeit zu erscheinen. Einschulung, Geburtstage oder meine Abiturfeier, alles fand ohne ihn statt. Sogar als ich heiratete, gab es einen Grund, weshalb er nicht kommen konnte. Ich habe früher viel geweint, wenn er wieder mal nicht kam. Meine Mutter, deren große Liebe er war, hat ihn dann oft entschuldigt. Aber ich merkte sehr bald: Andere Väter, ob geschieden oder nicht, kümmerten sich um ihre Kinder.

Meine Ehe ging schief. Mir war lange nicht klar, weshalb. Nach einer dritten gescheiterten Beziehung machte ich eine Therapie. Ich hatte schreckliche Angst vor jeder neuen Annäherung eines Mannes. Danach wusste ich, die Interesselosigkeit meines Vaters hatte mein Männerbild geprägt. Sie hatte bei mir Verhaltensweisen gefördert, die nicht gerade gut für eine Beziehung waren. Ich war immer misstrauisch. Witterte hinter jeder noch so normalen Absage eines Mannes ein Nein zu meiner Person. Zwar weiß ich heute, woher das mangelnde Vertrauen kommt. Aber völlig ablegen konnte ich diese Haltung bisher nicht wirklich. Ich zweifle, wenn es um Männer geht, an allem!“

Das Gegenbeispiel ist Katrin (49). Ihr Vater hatte sie in allen wichtigen Dingen bestärkt. Zweifelte sie auch schon als Schulkind an sich, zeigte er ihr den Weg aus diesem Zaudern. Er bestärkte sie in ihren Wünschen. „Du schaffst das!“, erzählt Katrin, „war der am häufigsten ausgesprochene Satz meines Vaters. Er war niemand, der mich verzärtelte. Im Gegenteil, er ermunterte mich eher, den harten Weg zu gehen! Er gab mir zwar das Gefühl, wenn es schiefgeht, bin ich für dich da. Aber probieren musste ich es immer erst selbst.“

Katrin, deren Mutter eine schwache, anlehnungsbedürftige Frau war, war das, was man eine Vatertochter nennt. Für ihre Männerbeziehungen hatte das allerdings teilweise eine ebenso fatale Wirkung wie bei Sonja – nur auf andere Weise. Als Partner konnte sie sich nur einen ebenso starken Mann wie ihren Vater vorstellen. Katrin machte eine große Karriere als Dokumentarfilmerin. Sie heiratete zwei Mal, wurde beide Male geschieden. Ihre drei Kinder zieht sie allein groß.

„Mein eigener Vater war ein liebevoller und kluger Mann. Ich hatte immer das Gefühl, dass ich ihm wichtig bin. Was ihn allerdings nicht daran hinderte, seine Ansprüche an mich immer höher zu schrauben. Er wollte, dass ich möglichst viel von der Welt sehe und sie auch verstehe. Er selbst reiste viel, und als ich seiner Meinung nach alt genug war, nahm er mich mit. Ich war knapp zehn Jahre alt, als er mit mir nach Athen fuhr und die Akropolis und die alten Griechen erklärte. Allerdings nicht auf Oberlehrerart, sondern garniert mit kleinen spannenden oder amüsanten Storys. Ob er sie spontan erfand oder schon im Repertoire hatte – ich habe es nie erfahren. Sein Fundus war enorm, in Rom und Sizilien genauso wie in Paris oder Marrakesch. Er zeigte und erschloss mir, was er selbst liebte. Damals, in den Fünfziger- und Sechzigerjahren, war das Reisen noch beschwerlicher als heute." Ihre Mutter mochte sich diesem Stress nicht aussetzen. Sie tat während der Abenteuer ihres Mannes und ihrer Tochter lieber etwas für ihr Aussehen.

Im Tanzstundenalter brachte Katrins Vater ihr den richtigen Walzerschritt bei, verzweifelte aber, dass sie seinen Lieblingstanz, den Tango, nicht kapierte – und stattdessen Rock'n'Roll präferierte, für den er nichts übrig hatte. „Ich profitiere mein Leben lang von seiner Toleranz, Neugierde und seinem großen Wissensschatz. So sehr ich mich geliebt fühlte, verzärtelt hat er mich nie. ‚Trau dich! Mach es! Zögere nicht. Was soll schon passieren? Du bist stark genug!' Das waren seine Ermutigungen. Ich verdanke ihm viel."

So einen Vater hätte ich auch meiner Tochter von Herzen gewünscht. Ich selbst war alleinerziehende Mutter einer Tochter. Ihr Vater war ein viel beschäftigter Künstler. Manchmal tauchte er, wie ein Irrlicht, ohne Anmeldung auf und verschwand ebenso schnell wieder. Regelmäßiger Kontakt? Davon konnte keine Rede sein. Fehlanzeige. Auch das Männerbild meines Mädchens wurde natürlich auch von diesem seltenen schillernden Gast geprägt. Er war interessant, aber unzuverlässig. An seiner Seite tauchten immer wieder neue Frauen auf, die er herumschubste, wie es ihm gerade in den Sinn kam. Er war ein perfekter Narziss, um den sich die Welt zu drehen hatte. Seine Kinder waren Beiwerk. Ob er es als schmückend empfand? Keine Ahnung!

Was meine Tochter aus dem Verhalten ihres Vaters lernte: misstrauisch Männern gegenüber zu sein. Sie versuchte, sie zu dominieren, um selbst das Heft in der Hand zu behalten. Das bedeutete aber gleichzeitig, dass sich weniger kluge und spannende Typen an ihren Rockzipfel hängten.

Mein Vater, der Priester

Vor dem Hintergrund des guten oder schlechten Vaterbilds gewinnt die folgende Geschichte umso mehr Brisanz. Betroffeneninitiativen schätzen, dass es mehrere Tausend Kinder von katholischen Priestern gibt. Traudl (24) ist eine davon. Ihre Mutter hatte einem Priester den Haushalt geführt.

Als Sophie, Traudls Mutter, immer runder wurde und kein Ehemann in Sicht war, spekulierten die Klatschmäuler, wer der Erzeuger des zu erwartenden Kindes sein könnte. Der Bürgermeister, ein im Landkreis bekannter Frauenheld, wurde verdächtigt. Der Lehrer, auch kein Unschuldslamm, musste abends im Wirtshaus pikante Fragen beantworten. Das Kind wurde geboren. Ein Mädchen, das auf den Namen Edeltraud-Marie getauft wurde. Vater unbekannt. Die Gerüchteküche brodelte weiter.

Traudl wurde eingeschult. Ein hübsches, fröhliches Kind. Vergeblich suchten die Dörfler Ähnlichkeiten mit einem ihrer Stammtischbrüder. Traudls beste Freundin war Bea, die Tochter des Bürgermeisters. Freundinnen vertraut man alles an. Das ist auch in niederbayrischen Gemeinden nicht anders. So erzählte Traudl ihrer Freundin, dass manchmal nachts ein Fremder in Mamas Schlafzimmer übernachtete. „Ich glaube, es ist der Herr Pfarrer!", sagte Traudl. Dass Bea aber *niemandem* etwas erzählen dürfe. Das hatte die Mama ihr gesagt. Ein Geheimnis also. Geheimnisse aber werden erst wirklich prickelnd, wenn man sie, wiederum streng geheim, weitererzählt. Und nichts ist schöner, als wenn Dinge, über die jahrelang spekuliert wurde, endlich, endlich offenliegen.

Schlimm für Traudl, die natürlich sofort als Quelle dieser Indiskretion ausgemacht war. Schlimm auch für den katholischen Pfarrer. Obwohl ihm klar war, dass er nicht mehr leugnen konnte, bestritt er seine Vaterschaft. Versetzt wurde er dennoch. Traudl hatte Karl-Georg, wie ihn die Mutter nannte, nie besonders sympathisch gefunden. „Er hatte so einen ekelig laschen Händedruck. Außerdem roch er immer nach Schweiß!"

Sophie, die den Mann Gottes geliebt und die seine Versprechungen, dass er einen gemeinsamen Weg mit dem Kind finden würde, geglaubt hatte, sah sich als Opfer. Nicht aber als Opfer eines bigotten, feigen Priesters, sondern ihrer Tochter.

Sie steckte die Tochter, quasi als Strafe, in ein Klosterinternat. Eines, wie man später in den Zeitungen las, an dem noch die Prügelstrafe praktiziert wurde. Schön war das für ein zehnjähriges Mädchen nicht! Der Direktorin sagte Sophie, ohne die näheren Umstände zu erklären: „Das wird sie lehren, das Herumspitzeln sein zu lassen. Sie hat mein Leben ruiniert. Sie hat es verdient!"

Sophie, die als Hauswirtschaftslehrerin arbeitete, kündigte, nachdem Traudl ins Internat abgeschoben worden war, ihren Job und zog nach Altötting. Dort hatte man ihr eine Stellung an einer Mädchenschule angeboten. Die Ferien verbrachte Traudl nur ungern bei ihrer Mutter. Besonders, als sie merkte, dass auch hier öfter ein Mann übernachtete. Gesehen hat sie ihn aber nie. Morgens war er immer schon gegangen. „Hast du einen neuen Freund?", fragte sie ihre Mutter.

„Nein", antwortete diese und wechselte sofort das Thema.

Als Traudl das Abitur mit der Note 1,2 bestand, war auch ihre überkritische Mutter stolz. Traudl hatte einen Studienplatz in München und sogar schon ein Zimmer in einer WG. „Das feiern wir", schlug ihre Mutter vor.

Irgendwie wunderte es Traudl nicht wirklich, dass zu dem Festessen neben den Freundinnen ihrer Mutter auch der Herr Pfarrer erschien. Sie freute sich sogar. „Ich dachte, jetzt macht er sicher Schluss mit diesem unwürdigen Versteckspiel." Karl-Georg D. war in einem grauen Anzug erschienen und sah nun gar nicht mehr wie der strenge Typ von der Kanzel aus! Sie überlegte, ob er immer noch als Pfarrer arbeitete oder sich vielleicht zu ihrer Mutter bekannt hatte. Er war locker und hatte so gar nichts mehr von dem total verklemmten Pfarrer aus ihrer Erinnerung.

Plötzlich fielen ihr wieder die Alpträume ein, die sie als kleines Mädchen gehabt hatte. Eines Nachts auf dem Weg ins Badezimmer hatte sie einen Mann gesehen. Ganz in Schwarz gekleidet kam er aus dem Zimmer ihrer Mutter und hastete an ihr vorbei. Sie hatte laut geschrien. Ihre Mutter aber behauptete, sie habe das nur geträumt. „Hier gibt es keine schwarzen Männer", hatte sie gesagt. Doch Traudl hatte diesen Mann dann öfter gesehen und schreckliche Alpträume gehabt. Sie sperrte ihre Zimmertür ab, aus Angst, der schwarze Mann würde sie holen. Später wusste sie, dass es der Pfarrer war und dass im Schlafzimmer ihrer Mutter etwas geschah, was niemand wissen durfte. Und jetzt stand er vor ihr, ein Glas in der Hand, und wollte mit ihr auf ihr glänzendes Abitur trinken.

Traudl überkam eine riesige Wut. Sie klopfte an ihr Glas, bat um einen Augenblick Ruhe und sagte dann laut und mit fester Stimme: „Das ist, glaube ich, der richtige Zeitpunkt, um euch meinen Vater vorzustellen!" Sie hob das Glas und sah Hans-Georg an: „Auf dein Wohl, Vater!" Es wurde schlagartig still. Traudl stellte ihr Glas ab und verließ den Raum. Sie nahm ihren Mantel und ihre Tasche. „Nur weg hier!", dachte sie. „Ich kann dieses verlogene Getue nicht mehr ertragen." Später hörte sie, dass der Herr Pfarrer leichenblass gesagt haben soll: „Wie kommt sie nur zu so einer unglaublichen Anschuldigung?"

Nach einer Sendepause von einem halben Jahr rief Traudl

ihre Mutter an. „Wollen wir reden?", fragte sie. Sie trafen sich in München. Nach einem kurzen Fremdeln lagen sie sich in den Armen. Traudls Mutter hatte noch am gleichen Abend, nachdem die Gäste gegangen waren, mit dem feigen Geliebten und seinen Lügen Schluss gemacht. „Und", fragte Traudl nach diesem Geständnis, „keine schwarzen Männer mehr? Wo du doch jetzt eine sturmfreie Bude hast!"

Kein Jahr später verkündete ihre Mutter stolz: „Traudl – ich werde heiraten!"

„Wieder einer aus der segnenden Zunft? Aber zur Abwechslung mal ein Protestant?", fragte die Tochter.

„Ich habe genug von dieser Berufsgruppe", antwortete die Mutter lachend. Sophies Auserwählter war Lehrer an der Schule, an der sie auch arbeitete.

Eigentlich sollte sich eine Frau, deren Partner sich nicht zum gemeinsamen Kind bekennt, sofort von ihm trennen. Natürlich ist die Lage verfahren. Aber was hat frau von so einem kleinmütigen Typen groß zu erwarten? Ob es sich nun um einen Mann Gottes oder einen Otto-Normal-Mann handelt: Wenn für ihn nicht einmal ein Kind Grund genug ist, reinen Tisch zu machen, kann es nur heißen: Adieu. Arrivederci. Amen.

Mein Papa, der Traumprinz

Leila war 12 Jahre alt, als sie erfuhr, dass Florian nicht ihr Vater war. Sie kannte ihn schon, solange sie denken konnte. Er lebte mit ihr und der Mutter zusammen. Eben wie Eltern mit ihrem Kind leben. Als sie ihn Papi nennen wollte, sagte er: „Wenn du magst, nenn mich doch Flo." Und Flo klang auch viel lustiger als Papi. Papi hießen die anderen Väter. Sie hatte einen Flo. Jahrelang war der leibliche Vater kein Thema für Leila. Bei der Feier zu ihrem 16. Geburtstag fragte einer der Gäste: „Kommt denn dein echter Papa gar nicht?"

Das war der Auslöser für Leila. Sie wollte endlich auch ihren *richtigen* Vater kennenlernen. Das allerdings stellte sich als ziemlich schwierig heraus. Lara, Leilas Mutter, hatte seit ihrer Schwangerschaft nichts mehr von ihrem damaligen Freund Volker gehört. Zum ersten Mal sprachen sie über ihn. Leila hatte tausend Fragen. „Wie ist er denn? Wie sieht er aus? Wo habt ihr euch kennengelernt? Was hat er für einen Beruf?"

Besonders viel konnte Lara ihrer Tochter nicht erzählen. „Wir kannten uns ja noch nicht sehr lang. Ich habe ihn auf einem Popkonzert getroffen. Er sah richtig lässig aus."

„Und dann?"

„Na ja – wir trafen uns ziemlich oft. Ich hatte damals gerade das Abi gemacht. Er hat schon studiert. Volker wollte Anwalt werden!"

„Aber ihr wart fest zusammen?"

Lara schluckte und sagte dann: „Das dachte ich auch. Als ich ihm sagte, dass ich ein Kind bekomme, war sein Kommentar: ‚Das kann nicht von mir sein!' Danach ist er verschwunden!"

„Aber er war doch der Vater!"

„Natürlich. Allerdings behauptete er, ich hätte auch mit anderen Männern geschlafen. Was nicht wahr ist!" Volker hatte sich aus dem Staub gemacht. Nach Leilas Geburt gab sie an: Vater unbekannt.

Auf Leilas Bitten fragte sie bei ehemals gemeinsamen Freunden nach. Niemand wusste, was aus ihm geworden war. „Er ist über Nacht verschwunden", hieß es.

Leila träumte sich einen Wunschpapi zurecht. In diesen Träumen war er der Ritter auf dem weißen Pferd. Sein Platz im realen Leben blieb leider unbesetzt. Eine Lücke, die unendlich schmerzte. „Wir waren für ihn eben nicht gut genug!", lautete das Fazit von Leila. Irgendwann hat sie es aufgegeben, nach ihrem Vater zu suchen. Die schmerzende Lücke allerdings ist für immer geblieben.

Vaterentbehrung – Sehnsucht nach den Wurzeln

Den Begriff der *Vaterentbehrung* hat der Berliner Psychoanalytiker Horst Petri geprägt. Er ist dem Begriff der *Mutterentbehrung* entliehen, der sich auf Kinder bezieht, die in Heimen und Krankenhäusern groß wurden. Vaterentbehrung beschreibt unterschiedliche Konstellationen: Die Vaterlosigkeit, wenn es für das Kind nie einen Vater gegeben hat. Den Verlust, den man erleidet, wenn der Vater stirbt oder dauerhaft verschwindet. Und schließlich die Abwesenheit des Vaters bei geschiedenen Paaren.

Wer seinen leiblichen Vater niemals kennengelernt hat, leidet darunter ein Leben lang, sagt Horst Petri. In seiner Erfahrung haben Töchter und Söhne dann öfter Drogenprobleme, Beziehungsstörungen und zeigen mangelnde Empathie. Auch ihre schulischen Leistungen sind schlechter als die ihrer Mitschüler aus intakten Familien.

Viele alleinerziehende Mütter sagen: „Was man nicht kennt, kann man nicht vermissen!" Das stimmt nicht wirklich. Die meisten Alleinerziehenden reden sich die Situation nur schön. Auf einen Elternteil verzichten zu müssen, bedeutet für jedes Kind einen belastenden Verlust. Auch dann, wenn das Kind dies nicht bewusst erkennt. Irgendwann fragen alle Kinder nach den eigenen Wurzeln.

> **Edith Schwab, Bundesvorsitzende des Verbandes Alleinerziehender Mütter und Väter, sieht in alleinerziehenden Müttern ein geglücktes Emanzipationsmodell. Darin widersprechen ihr Psychoanalytiker wie Horst Petri vehement. „Auch, wenn Alleinerziehendsein als vollzogene Emanzipation ausgelegt wird, kann eine Mutter kein Vater sein und ein Vater keine Mutter ersetzen. Kein einzelner Elternteil, der den anderen ausgrenzt, verheimlicht oder verleugnet, kann die Sehnsucht des Kindes nach sich selbst und den eigenen familiären Wurzeln erfüllen", heißt es in einem**

> Beitrag des Deutschlandfunks zum Geburtsrecht des
> Kindes auf Mutter und Vater. Zudem müssen viele
> Alleinerziehende große finanzielle Schwierigkeiten
> bewältigen, wenn die Väter spurlos verschwunden sind.
> Die bewusste Alleinerziehung hat sich im Gegenteil als
> „Misserfolgsmodell" herausgestellt: Die Mütter sind
> überfordert. Die Kinder häufig in psychotherapeuti-
> scher Behandlung. Nicht selten sind bei den Töchtern
> die Vaterentbehrungen der Schlüssel zu schwierigen
> Partnerverhältnissen.

Maja B. (36), Architektin, kennt ihren Vater nur von alten Fotos. Wenn sie als kleines Mädchen ihre Mutter nach ihm fragte, hörte sie: „Den vergiss mal lieber. Der wäre kein guter Papa gewesen!"

Eines der alten Fotos hatte Maja in ihrem Geheimkästchen versteckt. Manchmal sah sie es sich an. Der Mann auf dem Foto hatte ein nettes Lachen. Er lehnte an der Reling eines Bootes und winkte einer Person außerhalb des Bildes zu. Maja stellte sich dann vor, dass sie diese Person wäre. Einmal hatte Maja die Freundin ihrer Mutter nach dem Namen des Vaters gefragt. „Den weiß ich nicht mehr. Ich erinnere mich nur, dass er Architekt war!" Also haben wir doch etwas gemeinsam, dachte Maja.

Vor fünf Jahren war Maja, die in einem bekannten Architekturbüro in Frankfurt arbeitet, zur Einweihung eines spektakulären neuen Museumsbaus eingeladen. „Von meinem Chef, der mit Konstantin S. - einem der für den wirklich tollen Bau verantwortlichen Architekten - befreundet war, sollte ich Grüße ausrichten. S., ein grauhaariger Endfünfziger, lud mich zu dem sich anschließenden Empfang ein." Die junge Kollegin gefiel ihm, und er unterhielt sich lange mit ihr. Fragte sie nach ihren beruflichen Plänen und gab Maja schließlich seine Visitenkarte. „Wenn Sie nach Hamburg kommen, vergessen Sie nicht, mich anzurufen!", bat er.

Maja fand diesen Mann sympathisch. Sie fühlte sich auf eine für sie befremdliche Weise zu ihm hingezogen. Wochen später erzählte sie ihrer Mutter von diesem Empfang. Dass sie Kollegen kennengelernt habe, denen ihre Prominenz nicht zu Kopf gestiegen sei. Besonders gefallen habe ihr Konstantin S. Majas Mutter wurde blass. Sie bekam kaum Luft und stammelte immer nur: „Du lieber Himmel. Oh Gott, oh Gott!" Und nach einer Pause sagte sie: „Das ist dein Vater!"

Maja überlegte lange, was sie tun sollte. Dann rief sie S. in Hamburg an. „Ich komme nächste Woche in die Stadt. Haben Sie Lust, mich zu treffen?" Sie verabredeten sich in seinem Büro. „Wenn Sie genügend Zeit haben, können wir ja zusammen zu Abend essen!"

Ihrer Mutter sagte sie nichts von diesem Treffen. Sie musste sich erst selbst darüber klar werden, ob sie diesen späten Vater überhaupt haben wollte. Maja nahm sich zwei Tage Urlaub, steckte das alte Foto ihres mutmaßlichen Vaters ein und flog nach Hamburg. „Ich wollte erst einmal sehen, ob mein zweiter Eindruck von ihm auch so positiv war!"

Das Büro fand sie überwältigend. Besonders die Modelle der Bauten, die S. und seine Kollegen in aller Welt verantworteten. Konstantin S. freute sich offensichtlich sehr über ihren Besuch.

„Sind Sie beruflich in der Stadt?", fragte er.

„Mehr oder weniger - eher weniger."

Er hatte sie ins *Giardino*, einen In-Italiener, eingeladen. Maja steckte das Foto in ihre Handtasche. Sie war schrecklich aufgeregt. Noch immer wusste sie nicht genau, was sie ihrem Vater sagen sollte. Doch dann war es ganz einfach. Zum Nachtisch zog sie das Foto aus der Handtasche. Wortlos schob sie es ihm über den Tisch. Er betrachtete es lange und sah sie schließlich fragend an.

„Woher haben Sie das Foto?", fragte er dann.

„Von meiner Mutter! Sie sagt, dass Sie mein Vater sind!"

Konstantin S. sah sie an. Schüttelte den Kopf und griff schließlich nach ihrer Hand.

„Maja", sagte er. „Als ich dich zum ersten Mal sah, hatte ich ein seltsames Gefühl der Vertrautheit. Erst dachte ich, das ist so, weil du eine sehr schöne Frau bist. Aber du bist mir nicht aus dem Kopf gegangen!"

Maja schluckte ihre Tränen hinunter.

„Mir ging es ähnlich. Aber was machen wir jetzt?"

Sie saßen lange. Hielten sich an den Händen.

„Du hast viel von mir", sagte Konstantin. „Aber wenig von deiner Mutter! Unsere Beziehung war kurz und voller Missverständnisse. Ich habe ihr einfach nicht geglaubt, dass dieses Kind von mir war. Sie hatte doch damals noch andere Typen!"

Konstantin schlug vor, die Vaterschaft anzuerkennen.

„Du bist mir einfach zu ähnlich! Welche Gewissheit brauchen wir denn sonst?", sagte er.

„Nein", antwortete Maja. „Ich möchte, dass du einen Vaterschaftstest machst. Erst dann ist es ganz sicher!"

Der Test ergab eine 99-prozentige Gewissheit: Konstantin S. war Majas leiblicher Vater. Inzwischen wusste sie, dass er verheiratet war und dass sie noch drei Stiefgeschwister hatte.

„Gib mir bitte etwas Zeit, meine Familie mit der neuen Situation vertraut zu machen", bat er.

Ein Vierteljahr später lud er seine neue Tochter für ein Wochenende auf Sylt ein – ins Haus der Familie. Majas Mutter wollte nicht mitkommen. Nach einem anfänglichen Gefühl des Fremdseins wurde es ein familiäres Wochenende. Konstantins Frau war tolerant genug, die Jugendsünde ihres Mannes zu akzeptieren, und die beiden Jungen und das Mädchen freuten sich über die erwachsene Schwester. Maja war selten so glücklich wie in diesen Tagen.

„Ich bin angekommen", sagte sie ihrem Vater.

Inzwischen arbeitet sie in der Firma von Konstantin S. Er hält sehr viel von ihren Fähigkeiten und fördert seine neue Tochter. Einen Wermutstropfen allerdings gibt es: Majas Mutter hat die Entwicklung dieser Geschichte nicht verkraftet und sich von ihrer Tochter losgesagt. Aber Maja ist sicher, dass sie ihre Mutter noch nicht verloren hat.

„Es war einfach zu viel für sie. Ich muss ihr Zeit lassen, das Ganze zu verarbeiten. Es hat sich zu viel Zorn in ihr aufgestaut."

„Wozu brauchst du mich noch?", hatte ihre Mutter sie gekränkt gefragt. „Jetzt hast du ja alles, was du dir immer gewünscht hast."

Vergeblich versuchten Maja und ihr Vater, sie in die neue *Familie* einzubinden.

Angeblich heilt ja die Zeit viele Wunden. Neu aufgerissene allerdings schmerzen besonders.

> **Auch wenn Sie nicht gut auf den Vater Ihrer Tochter zu sprechen sind: Ihre Tochter hat ein Recht zu wissen, wer ihr Vater ist. Sie tun ihr nichts Gutes, wenn Sie ihr den Vater vorenthalten. Sie muss ihre Sehnsucht stillen und ihre Wurzeln finden dürfen, auch wenn er aus Ihrer Sicht ein noch so großer Idiot ist. Die Lücke, die Sie Ihrer Tochter zumuten, wenn Sie ihr den Erzeuger verschweigen, schadet ihrer psychischen Entwicklung.**

Mütter, Söhne:
Muttersöhne?

99 Am Anfang aller großen Dinge steht eine Frau" – dieses Zitat des französischen Dichters Alphonse de Lamartine (1790–1869) war als ein Kompliment an alle Mütter gedacht. Mit seiner eigenen Mutter allerdings lag er zeit seines Lebens im Kampf. Sie erzog ihn streng katholisch und hätte es am liebsten gesehen, wenn er in ein Priesterkolleg eingetreten wäre. Lamartine zog den diplomatischen Dienst, die Lyrik und die Frauen vor. Im Gegensatz zu der Mehrzahl seiner Geschlechtsgenossen legte er keinen Wert auf eine intensive Beziehung zu seiner Mutter.

Denn meist ist die Bindung zwischen Müttern und ihren Söhnen viel inniger als die zu den Töchtern. Söhne rebellieren gegen ihre Mütter seltener als gegen ihre Väter. Schon halbwüchsige Buben entwickeln einen Beschützerinstinkt für die Mutter. Die Töchter können sich zwar besser mit der Mutter identifizieren, oft sind es jedoch Konkurrenzgefühle, die ein allzu enges Band nicht zulassen. Das fehlt beim Verhältnis mit den Söhnen. Zwischen Vätern und Söhnen wiederum ist der Zoff oft schon vorprogrammiert. Dabei ist es nicht so, dass Väter ihre Söhne nicht lieben würden. Sie tun es, aber zeigen es natürlich nicht mit dieser liebevollen Ausdauer wie die Mütter. Mama nimmt den Sohn in den Arm. Tröstet ihn, wenn er vom Fahrrad fällt und sich die Knie aufschlägt, oder legt ihm kalte Kompressen auf die fiebernde Stirn. Sie ist immer da, wo Schwierigkeiten auftauchen.

Das traditionelle Rollenbild des Vaters aber vermittelt etwas anderes: Väter wollen starke Söhne. Söhne, auf die sie stolz sein können, die sich zu harten Burschen entwickeln, sich durchsetzen können, sportliche Asse sind und dazu noch später mal Karriere machen. Auch wenn diese Vaterrolle zum Glück in der jüngeren Elterngeneration immer mehr in den Hintergrund rückt und der Erzeuger häufig sehr viel mehr Nähe, Wärme und Zuneigung zum Nachwuchs zulässt – viele von uns sind noch unter genau diesen Umständen aufgewachsen. Schon der Ton zwischen Vater und Sohn war rauer. Es hagelte Verbote, Strafen, die, wenn sie nicht eingehalten wurden, zu weiteren Sanktionen führten. Besonders zärtlich sind die Gefühle – bis in die Gegenwart – zwischen den Parteien dann meistens nicht.

Markus (46) hatte so einen „traditionellen" Vater, der Trainer in einem der Topfußballclubs in Deutschland war. Als Markus zehn Jahre alt wurde, meldete ihn der Vater in seinem Club an. Ihm war sein Sprössling zu sehr „Weichei", wie er es nannte. Markus war nicht unsportlich. Er spielte Tennis, kickte in seiner Schulmannschaft und fuhr Radrennen. Sein Vater aber hatte mehr mit ihm vor. Vor allem, was seine Zukunft anging. Markus sollte statt auf ein normales Gymnasium auf das Sportgymnasium gehen. „Ich hab null Bock da drauf!", schrie Markus, als er von der Mutter erfuhr, dass ihn sein Vater dort angemeldet hatte.

„Was willst du denn sonst später machen?", fragte ihn der erzürnte Erzeuger.

„Etwas, wozu man seinen Kopf und nicht die Muskeln benutzt!", ätzte der Sohn. „Auf keinen Fall werde ich Fußballer!" Leise fügte er hinzu: „Und schon gar nicht Trainer."

Der engste Freund von Markus war schwul. Als Markus' Vater das erfuhr, kamen regelmäßig dumme Bemerkungen. Irgendwann entspann sich folgender Dialog:

„Bist wohl auch so eine Schwulette! Dann tanz doch mit Tütü vor meinen Jungs!" Und zu seiner Frau gewandt: „Das hast du nun von deinen laschen Erziehungsmethoden. Ich schäme mich für einen solchen Sohn!"

Markus war weder ein Weichei noch homosexuell. Er hatte nur eigene Vorstellungen, was seine Zukunft anging. Seinen Vater empfand er als peinlich. Der Zoff mit ihm hielt viele Jahre an. Und er wurde immer heftiger. Als sich Markus entschloss, BWL zu studieren, maulte der alte Herr. Als er einen glänzenden Abschluss machte, kam kein freundliches Wort von ihm. Heute ist der Vater als Trainer längst Geschichte. Frieden hat er mit seinem Sohn noch immer nicht geschlossen. Unterdessen ist aus Markus ein gut verdienender Immobilienhändler geworden, und seine Mutter, die ihn stets unterstützt hat, ist unendlich stolz auf ihn.

Als mein Enkel in der Pubertät war, focht er ziemlich harte Kämpfe mit seinem Vater aus. Die Verbalinjurien, die er seinem Vater an den Kopf warf, machten mich fassungslos. Ähnliches hätte ich bei meinem Vater nie gewagt. Mich erstaunte, wie ruhig mein Schwiegersohn reagierte. Anscheinend war er schon an derartige Ausrutscher gewöhnt. Inzwischen läuft, wie ich hörte, die Verständigung zwischen Vater und Sohn in normalen Bahnen.

Aber auch das Verhältnis zwischen Müttern und Söhnen ist nicht immer unbelastet. Söhne räumen ihren Müttern oft einen Platz ein, der bei ihren späteren Beziehungen zu manch ungQuoten Diskussionen führt. „Dann heirate doch deine Mutter", erboste sich eine Freundin von mir, als ihr Freund seine Mutter dauernd als Schiedsrichterin aufrief.

„Bei den *Überkreuzbeziehungen*", so ein Familientherapeut, „ist die rechtzeitige Loslösung vom andersgeschlechtlichen Kind wichtig! Weder die Vater-Tochter-Idylle noch die Mutter-Sohn-Beziehung sollten über die Pubertät hinausgehen. Beide Elternteile müssen diese Ablösung fördern!"

Für Jungs, die nach der Pubertät – oder bis weit in ihre Erwachsenenjahre hinein – noch an den Rockschößen der Mama hängen, gibt es das wenig schmeichelhafte Wort *Muttersöhnchen*.

Loriot hat einen wunderbaren Film zu diesem Thema gedreht: *Ödipussi*. Auch in der Realität leben die Nesthäkchen immer öfter noch mit über 20, 30 Jahren im Elternhaus, nicht von ungefähr „Hotel Mama" genannt. Muttern kocht, bügelt, putzt – und ist auch sonst präsent im Leben ihres Sprösslings. Selbst bei der Auswahl der Partnerinnen glaubt sie ein Wörtchen mitreden zu dürfen. In *Ödipussi* ist das wunderbar karikiert. Die wortgewaltige Frau Mama nennt ihren überreifen Sohn denn auch „Pussi".

Die Frage ist, welche normale Mutter mag schon, wenn ihr Sohn noch im Erwachsenenalter dauerhaft bei ihr unterschlüpft? Oder dass er, bevor er eine Frau in die elterliche Höhle schleppt, seine Mama nach ihrem ersten Eindruck fragt? Ich befürchte, die Antwort lautet: Leider mehr als genug!

Bitte bedenken Sie: Ein solches Verhalten hat nichts mit Sohnemanns überbordender Liebe zur Mutter zu tun. Es ist vielmehr ein Akt der Hilflosigkeit und eines nicht vorhandenen Selbstwertgefühls.

Also, liebe Übermütter: Werft eure Söhne aus dem Nest! Sie sind längst flügge. Ihr müsst sie nicht mehr bemuttern. Eure Aufgabe als Glucke ist erledigt. Das mag schmerzhaft sein, ist aber am Ende immer auch eine Befreiung.

Therapieresistent:
Narzisstische
Mütter

In der griechischen Mythologie ist Narziss der Sohn des Flussgottes Kephisos und der Nymphe Leirope. Weil er so schön ist, wird Narziss von Männern und Frauen umworben, die er aber alle verschmäht und zurückweist. Narziss wird deshalb von der Göttin Nemesis mit unstillbarer Selbstliebe bestraft. Beim Trinken aus einem See verliebt er sich in sein Spiegelbild und ertrinkt bei dem Versuch, sich selbst zu umarmen. Eine wunderbare Parabel, die uns – wie so viele der antiken Sagen – auch in der Gegenwart noch etwas sagen kann.

Ich, ich, ich. Narzisstische Menschen leben in ihrer eigenen Welt. Die amerikanische Familientherapeutin Dr. Karyl McBride wuchs selbst mit einer narzisstischen Mutter auf. In ihrem Buch *Werde ich jemals gut genug sein?* schreibt sie, narzisstische Mütter würden ihre Töchter lehren, nur dann geliebt zu werden, wenn sie sich den mütterlichen Erwartungen und Launen entsprechend verhalten. „Wenn diese Mädchen erwachsen werden, fällt es ihnen oft schwer, Gefühle der eigenen Unzulänglichkeit, ihre Enttäuschung, ihre emotionale Leere und ihre Traurigkeit zu überwinden, und manchmal haben sie auch Angst davor, verlassen zu werden. Deshalb halten sie oft an Liebesbeziehungen fest, die sie nicht glücklich machen. Sie entwickeln einen Hang zum Perfektionismus, zu unablässiger Selbstkritik oder zur Selbstsabotage und Frustration. Narzisstische Mütter sind oft Frauen mit geringem Selbstwertgefühl."

Viele von ihnen haben ihre Kinder nur bekommen, um von ihnen die für sie *lebensnotwendige* Bestätigung und Aufmerksamkeit zu erhalten. Dafür arbeiten sie mit den raffiniertesten Mitteln. Alles darf sich nur um sie drehen. In ihren Fantasien glauben sie, besonders zu sein. Sie sind der Ansicht, sich nur mit einzigartigen Menschen umgeben zu dürfen. Sie fordern Bewunderung und haben ein überhöhtes Anspruchsdenken. Gegenüber anderen Menschen ist ihr Verhalten ausbeuterisch. Mangel an Empathie, Neid auf andere und eine nicht zu bremsende Arroganz – all das wird Narzissten nachgesagt. Kurzum: Angenehme Zeitgenossen sind sie nicht. Und sie sind schwer zu therapieren. Wen das Unglück einer narzisstischen Mutter trifft, der sollte sich warm anziehen – und sich eine gute Portion Selbstbewusstsein zulegen. Denn: Diese Mutter wird alles daransetzen, immer im Mittelpunkt zu stehen und alles, was die Tochter sagt, tut oder vorhat, kleinzureden.

Narzisstische Mütter lieben das Gefühl, Macht und Kontrolle über ihre Kinder auszuüben. Sie sehen den Nachwuchs nicht als eigenständige Persönlichkeiten, sondern als Erweiterungen ihrer selbst. Besonders Töchter bieten sich hervorragend als Projektionsflächen an. Weil die Mutter nichts wirklich tief empfinden kann und keinen Zugang zu den Gefühlen ihrer Tochter hat, überträgt sie ihr eigenes Gefühl von Wertlosigkeit auf den Nachwuchs. Wie sehr sich dieser auch bemüht, nie ist es genug. Diese Überzeugung setzt sich fest und manifestiert sich in Töchtern, die extrem leistungsorientiert sind und zur Perfektion neigen. Sie schaffen viel, für sich selbst aber nie genug. Oder die Mutter „produziert" damit Töchter, die zur Selbstsabotage neigen, weil sie früh verinnerlicht haben, dass sie sowieso nie gut genug für die Mutter sind.

Heike W. (41) hat sich als kleines Mädchen von ihrer Mutter nicht geliebt gefühlt. „Sie hat mich nie in den Arm genommen oder mit mir gekuschelt. Wenn ich zu ihr ins Bett schlüpfen wollte, weil ich schlecht geträumt hatte, hat sie mich geschimpft und zurückgeschickt. Bei Elternabenden, so hat es mir die Mutter meiner Freundin erzählt, hat sie nur darüber gesprochen, wie viel sie für mich tun müsse. Welche Zeit sie opfere und dass niemand das anerkenne. Sie hat mit ihrem Job angegeben – Ma war Chirurgin –, und Gespräche, die sie nicht interessierten, hat sie möglichst rasch abgewürgt. Einmal habe ich sie gefragt, ob sie eigentlich glücklich war, als sie mich zum ersten Mal im Arm hatte. Sie hat den Kopf geschüttelt und abschätzig gesagt: ‚Du warst ein hässliches Baby, und ich hatte große Schmerzen bei dieser Geburt. Wie kann man denn da glücklich sein?' Als ich ihr einmal sagte, dass ich so gern noch ein Brüderchen hätte, war ihre Antwort: ‚Die Erfahrung mit dir reicht mir. Außerdem ruinieren Schwangerschaften die Figur!'"

Heike fühlte sich viele Jahre lang hässlich. Ihr Selbstwertgefühl war unter null. Als sie sich zum ersten Mal verliebte und der Junge sie eines Abends von zu Hause abholte, meinte ihre Mutter: „Das ist doch ein wirklich hübscher Typ! Was der nur an dir findet?"

Heike, die Apothekerin wurde, hatte viele Jahre schwere Depressionen. Da sie an der Quelle saß, hatte sie stets Zugriff auf die bunte Palette der Psychopharmaka. Jahrelang warf sie rote, grüne oder gelbe Kügelchen ein. Bald sah sie die Welt nur noch durch einen Schleier. Ihre Umgebung bemerkte wenig. Wenn doch, so schwiegen alle.

Eines Tages, am Morgen nach einer feuchtfröhlichen Feier ihres 37. Geburtstages, brach sie zusammen. Ihre Mutter fand sie und alarmierte die Rettung. „Medikamentenmissbrauch", konstatierten die Ärzte im Krankenhaus.

„Nicht mal einen ordentlichen Selbstmord würde ich fertigbringen, sagte meine Mutter verächtlich. Von meinen Freunden ließ sie sich als meine Retterin feiern! ‚Wenn ich nicht gewesen wäre', sagte sie an meinem Krankenbett, ‚würde ich jetzt an deinem Grab weinen!' Ich war zu schwach, um eine entsprechende Antwort zu geben. Nur eines wusste ich: Auch das hätte sie zur großen Show gemacht!"

Heike machte nach einer Entgiftung eine Therapie. Sie kündigte ihren Job und zog in eine andere Stadt. Die Adresse hinterließ sie nur den Menschen, denen sie vertraute. Ihre Mutter war nicht darunter.

Die Psychologin und Therapeutin Susan Forward, die ebenfalls unter einer narzisstischen Mutter gelitten hat, weiß: „In derartigen Fällen hilft nur ein völliger Kontaktabbruch. Nur selten führt ein Weg zurück. Zu ausgeprägt ist die Empathielosigkeit bei diesen Müttern – und ihre Sucht, im Mittelpunkt stehen zu müssen. Narzissmus ist nur schwer zu heilen. Einsichten, die dazu erforderlich wären, sind meistens nicht vorhanden." Susan Forward selbst allerdings ging nach Jahren wieder auf ihre Mutter zu.

Sybille Karsten (29) wuchs ebenfalls mit einer narzisstischen Mutter auf. Dass sie die nur um sich selbst kreisende Frau recht unbeschadet überstanden hat, verdankt sie ihrem Freund. Volker (31) musste sich mit einem narzisstischen Vater herumschlagen. Die Ehe seiner Eltern wurde geschieden, als Volker 12 Jahre alt war. Volkers Vater ist ein bekannter Schauspieler, und sein Sohn bewunderte ihn damals noch sehr. Auch nach der Scheidung hielt er die Verbindung zu ihm aufrecht. Erst später erkannte Volker die zerstörerische Veranlagung seiner Vaters und begab sich in eine Therapie. Von dort brachte er viel Know-how mit, wie man auch Sybille helfen konnte. „Er hat mich in meinem wackeligen Selbstbewusstsein gestärkt. Hat mir die Krankheit meiner Mutter erklärt. Mir geschildert, wie es mit seinem Vater war, und dass es nicht herzlos ist, den Kontakt zu meiner Mutter abzubrechen."

Sybille zog mit ihrem Freund nach Berlin. Obwohl ihr die Mutter fehlte, stoppte sie Volker immer wieder, wenn sie im Begriff war, sie anzurufen. Es verging ein Jahr. Dann kam ein Brief aus Köln. „Ich habe eine wunderbare Psychiaterin gefunden. Endlich kann ich begreifen, was ich dir angetan habe. Darf ich dich und Volker besuchen?"

Der erste Kontakt nach diesen langen Monaten war tastend und vorsichtig. Beide, Sybille und ihre Mutter, waren sehr unsicher. Zum ersten Mal schloss Sybille ihre Mutter in die Arme, ohne dass diese sie wegschob. Als Sybille im Überschwang der sich endlich gut anfühlenden neuen Beziehung ihrer Mutter vorschlug, doch nach Berlin zu ziehen, griff Volker ein. „Ihr solltet nichts überstürzen! Lasst euch Zeit. Haltet noch ein wenig Abstand. Ihr verliert euch doch nicht!"

Inzwischen sind drei Jahre vergangen. Sybilles Mutter lebt jetzt in Berlin. Sie hat Volkers Vater bei einer Filmpremiere kennengelernt. Und: *Kitsch as Kitsch can* - sie haben sich ineinander verliebt. Die Frage ist allerdings: Wer gewinnt das lustige Dominanzspiel?

Shitstorm:

Darf eine *Mutter* ihre *Familie* verlassen?

Noch mal: Was ist eine gute Mutter? Ist das eine Frau, die sich für ihre Kinder aufopfert? Die ihre eigene Erfüllung dem Glück und der Zufriedenheit ihrer Kinder unterordnet? Deren Lebenssinn vor allem in der Brutpflege besteht? Und ist eine Mutter, die ihre eigenen Vorstellungen und Wünsche über das Familienglück stellt, ihren Mann und die gemeinsamen Töchter verlässt, eine Rabenmutter?

Für die Mehrzahl der Mitmenschen ist sie das. Sie empfinden sie als egoistisch, kalt und verantwortungslos. Wenn Väter ihre Familien verlassen, ernten sie Kopfschütteln. Tun Mütter das, gibt es kein Pardon. Die Kritik aus dem Umfeld ist gnadenlos. Da bricht ein Tornado aus Unverständnis, Beleidigungen und Verwünschungen los. Interessanterweise sind es besonders Frauen, die hier zum Tiefschlag ausholen.

Wie unfair das ist, zeigt die Geschichte von Lisa Frieda Cossham (39). Frieda wohnt ein Stockwerk unter mir. Eine junge Frau mit zwei Töchtern im Teenageralter. Als ich hörte, dass sie ebenfalls Journalistin war, begann ich, mich für sie zu interessieren. Inzwischen sind wir befreundet. Sehen uns regelmäßig auf einen Wein und kaufen im Großmarkt gemeinsam ein. Frieda schleppt sogar die Getränkekisten in meine Wohnung. Große Geheimnisse haben wir nicht mehr voreinander. Bevor wir uns aber gut kannten, wunderte ich mich manchmal: Ich hörte die Mädchen in der Wohnung unter mir lachen, Türen knallen und Musik in doppelter Zimmerlautstärke. Tag für Tag. Ein Glück, dass ich nicht sonderlich lärmempfindlich bin. Doch dann wieder: Eine Woche lang kein Mucks von unten. Waren die Mädels in einen Dornröschenschlaf gesunken? Im Gegenteil! In der folgenden Woche begann der bekannte Zirkus erneut.

Als ich Frieda nach dem Grund dieses Wechselspiels fragte, sagte sie: „Ich habe die Kinder eine Woche, und Jan, mein Exmann, hat sie die andere Woche. Wir sind Teilzeiteltern."

Ich dachte natürlich sofort: So ein Schuft. Ihr Mann hat sie und die Kinder einfach sitzen lassen! Hat sich, wie so viele Väter, eine

145

bequemere Gefährtin gesucht. Doch Irrtum meinerseits: Es war Frieda, die ihre Familie wegen einer neuen Liebe verließ.

Frieda und der Vater ihrer Kinder kannten sich noch aus der Schule. Studierten, blieben zusammen, etwas anderes war gar nicht vorstellbar. Die erste Tochter kam, als beide noch studierten. Die zweite kurz darauf. Abtreibung? Kein Thema. Gemeinsam war man stark. Allerdings: Die berühmten Kirchenmäuse waren wohl reicher als Jan und Frieda. Es kam irgendwann der Punkt, an dem alles zu viel wurde, der Alltag nur noch anstrengend war. Wo die große Liebe sich davonschlich und sich in ein Gefühl der Vertrautheit verwandelte, bestenfalls der Freundschaft.

Und da taucht ein neuer Mann auf. Paul heißt er, Schauspieler ist er und sieben Jahre jünger. Endlich wieder dieses Herzklopfen bei Frieda, die Sehnsucht nach Paul, die unbändige Freude, seine Stimme zu hören.

„Ich traf Paul in jeder freien Minute, dehnte sie zu Stunden und Tagen aus, die ich sonst im Büro verbracht hätte. Ich schaute auf das Display meines Telefons: 4.06 Uhr. In zwei Stunden würde ich den Frühstückstisch herrichten, Schulbrote für Martha und Louise schmieren. In vier Stunden würde Jan vom Nachtdienst heimkehren."

Frieda weiß nicht, wie sie sich verhalten soll. Jan fragt, weshalb sie nicht im Büro war. Sie erzählt von dieser Liebe, sagt, dass es sicher nur eine kurze Affäre sei. Jan ist fassungslos. Den Kindern sagt er: „Eure Mutter verlässt uns. Sie liebt einen anderen." Martha und Louise weinen. Sie sind unsicher, wem sie sich zuwenden sollen. Der Trost ihrer Mutter erreicht sie nicht.

Jan beginnt durchzudrehen. Er bittet sie zu bleiben. Aber es hilft nichts. Ein Zurück gibt es nicht mehr. Frieda fühlt sich schuldig, weil sie Jan verlassen hat. Nach langen, teilweise quälenden Debatten beschließen sie die geteilte Elternschaft. Frieda erzählt, wie schwierig es war, sich auf dieses Teilzeitmodell zu einigen. „Eine Woche sollten die Mädchen bei mir sein – eine bei ihrem Vater."

Plötzlich wird ihr klar, dass sie jetzt, zumindest für die Hälfte der Tage, allein für die Mädchen verantwortlich ist. Sie braucht eine Wohnung, in der man zu dritt leben kann. „Wo sollte ich hin? Ich konnte keine Wohnung mieten, dafür verdiente ich nicht genug Geld. Für alles, was jetzt kommen würde, haftete ich allein!"

Eine Freundin bietet ihr ein großes Zimmer an, in dem sie mit ihren Töchtern erst mal unterkommt. Im Frühjahr 2015 findet Frieda die Wohnung in unserem Haus. „Endlich!", sagt sie. „Wenigstens ein Teil Normalität ist wieder da."

Inzwischen sind drei Jahre vergangen. Die Liebe mit Paul ist vorüber. Das elterliche Teilzeitmodell hat sich bewährt. „Natürlich vermisse ich jede zweite Woche meine Töchter. Ich weiß nicht, wie ich meine neue Freiheit annehmen kann, ohne mich wie eine Rabenmutter zu fühlen. Ich bewege mich in meiner kinderlosen Freizeit, als hätte ich zu große Schuhe an!"

Finanziell schafft sie dieses neue Leben. Mit dem Exmann Jan, der mittlerweile auch eine neue Partnerin hat, die ebenfalls zwei Kinder in die Patchworkfamilie einbrachte, versteht sie sich inzwischen auf einer freundschaftlichen Basis sehr gut. Die Mädchen mögen die Teilzeitlösung gern. Ihre Freiräume sind dadurch größer geworden. Auch die neue Frau an der Seite ihres Vaters haben sie akzeptiert.

Und Frieda? Manchmal plagt sie noch ein Hauch von schlechtem Gewissen. Aber letzten Endes weiß sie, dass es für alle die beste Lösung war. Auch mit Paul ist sie jetzt befreundet. Und es gibt eine neue Liebe – Ende offen! Wenn ich sehe, wie sie mit ihren Töchtern umgeht, bin ich sicher: Eine Rabenmutter ist Frieda bestimmt nicht.

Frieda hat ihre Geschichte für das *SZ-Magazin* aufgeschrieben. Daraus ist dann das Buch *Plötzlich Rabenmutter?* entstanden. Sie ist, wie das bei solch spannenden Storys der Fall ist, durch alle Talkshows der Republik getingelt. Der Shitstorm war allerdings heftig. Und wieder: Was Männern verziehen wird, ist Frauen noch lange nicht erlaubt. Auch hier gilt: Die ärgsten Feinde der Frauen sind die Frauen. Die größten Kritiker der Elche eben ... Wann hören wir Krähen endlich auf, einander die Augen auszuhacken?

Wenn

Mutter

und *Tochter*

sich den

Freund

ausspannen

Frauke hat sich nie darum geschert, was *man* tut und was *man* besser lässt. Wollte sie etwas haben, hat sie alles darangesetzt, es zu bekommen. Sie schreckte vor keinem noch so abwegigen, manchmal auch schmutzigen Trick zurück. Ich kenne Frauke seit ihrem Volontariat bei einer Frauenzeitschrift. Sie war eine dieser sanft wirkenden Blondinen, von denen meistens angenommen wird, dass sie kein Wässerchen trüben können. Fand sie Gefallen an einem Typen oder war ihr nur wieder einmal langweilig, griff sie zu. Ganz gleich, ob der Kerl verheiratet oder der Lover ihrer besten Freundin war. Mich amüsierten die ausführlichen Schilderungen ihrer Beutezüge. Allerdings nur so lange, bis ich selbst eines ihrer Opfer wurde.

Der Mann, den ich auf einem Fest kennengelernt hatte, gefiel mir sehr. Wir gingen einige Male miteinander aus, bis uns Frauke auf einer Party entdeckte. Ich stellte sie ihm vor. Gravierender Fehler! Bald darauf war er *ihr* Kerl. Ich weiß: Es gehören immer zwei dazu – und meine große Liebe war er ganz bestimmt nicht. Ich hätte also noch einmal darüber hinwegsehen können ... Eine Weile später allerdings beschwerte sich Frauke bei mir, dass er im Bett eine Niete sei. Ich gebe zu, dass ich kurzfristig einen Hass auf sie schob, aber insgesamt hat der Vorfall bei mir keine bleibenden Schäden hinterlassen.

Jahre später traf ich Frauke wieder. Sie war inzwischen zwei Mal geschieden und hatte eine erwachsene Tochter. Inzwischen 58, war sie noch immer eine sehr schöne Person. Sie arbeitete als Journalistin und bot mir ihre Dienste bei der Zeitung an. Ich freute mich, sie wiederzusehen. Ihr Leben war turbulent verlaufen. Ihre Erzählungen amüsant wie immer.

Ihre Tochter Daphne (26) arbeitete als Kuratorin in einer Berliner Galerie. Als ich nach Berlin fuhr, bat Frauke mich, für ihre Tochter ein kleines Päckchen mitzunehmen. Daphne war das junge Ebenbild ihrer Mutter. Sie gefiel mir gut. Wir trafen uns ein paar Mal. Ob ich ihre Mutter denn schon lange kennen würde, fragte sie mich. Und wie es ihr denn ginge. Das klang nach wenig Kontakt.

An meinem letzten Abend lud Daphne mich zum Essen ein.

Es war ein fröhliches Treffen, bis sie das Glas Wein zu viel intus hatte. Sie begann über ihre Mutter zu sprechen. „Würde sie mir jetzt gegenüberstehen, ich könnte sie immer noch umbringen!", giftete sie.

Vor zwei Jahren hatte Daphne eine Beziehung mit Giovanni, einem italienischen Fotokünstler. „Wir waren wahnsinnig verliebt. Ich hatte eine Ausstellung seiner Fotos zusammengestellt. Zum ersten Mal hatte ich das Gefühl, bei einem Mann angekommen zu sein. Wir machten Zukunftspläne, suchten nach einer gemeinsamen Wohnung. Nach zwei Monaten stellte er mich seinen Eltern in Florenz vor. Richtig prima Leute. Und was ich nicht kannte: eine harmonische Familie. Im Überschwang rief ich Frauke an und erzählte ihr von Giovanni.

Sie kam dann auch für ein Wochenende nach Berlin. Giovanni war charmant wie immer, wenn attraktive Frauen auftauchten. Ich dachte, er will sich bei meiner Mutter einschmeicheln. Dann hatte er ein Shooting in München. Meine Mutter lud ihn ein, doch bei ihr zu wohnen." Daphne hatte Tränen des Zorns in den Augen. „Da muss es begonnen haben!"

Ich ahnte, was kommen würde, und fragte nicht nach. Frauke begann ein Verhältnis mit der großen Liebe ihrer Tochter. „Ich war so blöd und ahnte nichts", erzählte Daphne. „Plötzlich hatte Giovanni öfter in München zu tun. Ich fand es normal, dass er dort auch meine Mutter traf."

Daphne fand einen Brief im Studio ihres Freundes. Es war ein Brief ihrer Mutter. Ein eindeutiger Brief. Sie hatten eine Affäre! Giovanni, zehn Jahre älter als Daphne und zwanzig Jahre jünger als ihre Mutter, schien sich in Frauke verliebt zu haben. „Ich habe keine Ahnung, wer damit begonnen hat", weinte Daphne. Sowohl ihre Mutter als auch Giovanni leugneten die Affäre zunächst.

Als ich wieder zurück in München war, traf ich Frauke. Ich sprach sie offen auf die Geschichte an und sagte ihr, wie elend sich ihre Tochter fühlte. Sie lachte nur. „Du lieber Himmel, der Knabe hätte sich ja nicht darauf einlassen müssen. Ich habe ihn zu nichts gezwungen. Daphne soll sich nicht so aufführen. So sind die Männer eben! Wahrscheinlich konnte ich ihm mehr geben als mein Küken. Das renkt sich schon wieder ein!"

Ich weiß nicht, wie die Story endete. Ich habe Frauke nicht mehr getroffen. Von Daphne bekam ich eine Karte: „Bin nach London gezogen. Beruflich und auch sonst das eindeutig bessere Klima! Bitte geben Sie meiner Mutter nicht meine neue Adresse!"

Mein Kerl, dein Kerl, unser Kerl

Svenja K. hat ihren Mann durch einen Autounfall verloren. Sie war 35 Jahre alt und hatte eine zehnjährige Tochter. Es dauerte Jahre, bis sie über den Verlust hinwegkam. Aber auch ihre Tochter Marie trauerte dem Vater lange nach. An ihrem 43. Geburtstag gaben Svenjas Freunde eine Party für sie. An diesem Abend lernte sie Heiner (40) kennen. Heiner und sie unterhielten sich, fanden Gemeinsamkeiten und verabredeten ein Treffen. Ihr neuer Bekannter war ein vermögender Softwaremanager, seit Kurzem geschieden. Für Svenja war es, als würde sie aus einem überlangen Alptraum erwachen. Sie lachte wieder, machte Pläne mit ihm und lud ihn, als sie sich sicher war, dass es mehr als ein belangloser Flirt war, nach Hause ein.

Marie, inzwischen 18 Jahre, sollte Heiner an diesem Abend kennenlernen. Es wurde ein fröhlicher, harmonischer Abend zu dritt. Svenja war heilfroh, dass ihre Tochter nicht, wie bei anderen männlichen Freunden, sofort mauerte. Heiner schien sich mit den beiden wohlzufühlen. Er brachte nicht nur für die Mutter Blumen und kleine Geschenke mit, er vergaß auch Marie nie. Weihnachten lud er seine, wie er sagte, „beiden Frauen" nach St. Moritz ein. Das Glück schien perfekt.

Er erfüllte sogar Maries Wunsch nach einer eigenen kleinen Wohnung. Heiner besaß ein Appartement, das gerade frei wurde. Marie war begeistert, ihre Mutter ebenfalls. Hatten sie und Heiner nach Maries Auszug doch ein ungestörteres Liebesnest. Dass Marie mit Heiner flirtete, bemerkte Svenja zwar, hielt es aber für harmlos.

Svenja, die als Krankenschwester öfter auch im Nachtdienst arbeitete, dachte sich nichts dabei, wenn ihr Freund an diesen Abenden Marie zum Essen ausführte. Doch dann traf Svenjas Freundin Margot beide in einem Restaurant. Sie wirkten sehr vertraut. Als die Freundin sie warnte, lachte Svenja: „Heiner hat mit den jungen Dingern nichts am Hut! Außerdem gehören ja zwei dazu!"

Sie waren ein knappes Jahr ein Paar, als seine Aufmerksamkeit gegenüber Svenja nachließ. Er hatte an den Abenden und an den Wochenenden seltener Zeit für gemeinsame Unternehmungen. Marie ließ sich kaum noch bei ihrer Mutter sehen. Sie hat jetzt ihr eigenes Leben, dachte Svenja. Was soll sie mit mir rumsitzen? Komisch war nur, dass Marie an denselben Abenden nicht zu erreichen war wie Heiner. Das sind Zufälle, nichts als Zufälle, vermutete Svenja.

Langsam wurde sie dennoch misstrauisch. Vor allem, weil Freundin Margot beide erneut turtelnd in einer Bar getroffen hatte. Ihre Tochter spielte die Treffen mit dem Lover ihrer Mutter herunter. „Klar gehe ich manchmal mit ihm aus", erklärte sie Svenja. „Aber wer lädt mich denn sonst in diese First-Class-Restaurants und Bars ein? Ich nehme ihn dir schon nicht weg!"

Der Stachel in Svenjas Herzen war gesetzt. Sie fragte Heiner direkt, ob da mit Marie etwas lief. Heiner leugnete. „Wie stellst du dir das vor? Marie ist doch deine Tochter. Außerdem viel zu jung für mich!"

Es vergingen weitere Monate, in denen Svenja unruhig und misstrauisch war. An einem Sommerabend im Juli, Svenja war mit zwei Kollegen in einem Gartenrestaurant verabredet, sah sie die beiden. „Marie und Heiner saßen in einer Ecke und knutschten. Das waren keine kleinen, harmlosen Küsschen. Am liebsten wäre ich aufgestanden und hätte sie zur Rede gestellt. Ich war am Boden zerstört und maßlos enttäuscht. Wie konnten sie mich nur so hintergehen?"

Eigentlich wollte sich Svenja spontan von Heiner trennen. Dann schrieb sie ihm jedoch einen Brief und bat um ein Gespräch. Ihr Freund muss geahnt haben, was auf ihn zukam. Er erschien mit

einem Rosenstrauß und schuldbewusster Miene. Allein, dass er glaubte, sie mit einem Rosenstrauß befrieden zu können, machte sie wütend. „Zumindest leugnete er die Affäre mit meiner Tochter nicht mehr. Er sagte wörtlich: ‚Ich bin ja auch nur ein Mann. Und wie mich Marie über Monate angemacht hat, kannst du dir nicht vorstellen! Irgendwann bin ich dann halt schwach geworden!'" Er schob sein mieses Verhalten auf die Tochter. Svenja war fassungslos. „Du hättest Nein sagen können!"

„Die Geschichte ist vorbei", sagte er. „Außerdem passen wir beide viel besser zusammen!"

„Nein, danke!", sagte Svenja und schmiss ihn raus – zu Recht natürlich.

Die Diplom-Psychologin Regina Tamkus berät auf der Briefkastenseite des *Berliner Kurier* Leser mit Kummer. Sie schrieb auf einen ähnlichen Fall Folgendes: „Zu solch einer Geschichte sollten Sie es nicht kommen lassen. Sprechen Sie, sobald Sie einen Verdacht haben, mit Ihrem Partner. Machen Sie ihm klar, was Sie von ihm erwarten. Er soll eine klare Grenze zur Tochter ziehen und sich zu Ihnen bekennen. Mit dem Flirten muss Schluss sein. Ihre Tochter muss spüren, dass der Mann zu Ihnen gehört. Sollte er dazu nicht bereit sein, ziehen Sie die Konsequenzen und trennen sich von ihm. Als Mutter sollten Sie mit Ihrer Tochter über Ihre Erfahrungen in Beziehungen sprechen."

Das sind wirklich heikle Fälle, und man kann von Glück sagen, wenn sich die Jagdreviere von Mutter und Tochter nicht kreuzen. Oder beide einen so unterschiedlichen Männergeschmack haben, dass sie sich erst gar nicht ins Gehege kommen. Eins dürfte gewiss sein: Wenn die Mütter deutlich älter sind, sinkt die Wahrscheinlichkeit für solche Zwischenfälle schon mal erheblich ...

Tabubruch:
Die
Spätgebärende

Tag der Einschulung in München-Bogenhausen. 30 aufgeregte Jungen und Mädchen. 30 aufgeregte Mütter und ein paar genervte Väter. Susanne J. mitten in diesem schnatternden Haufen. An ihrer Hand die sechsjährige Clara. Eine der Lehrerinnen kommt an ihnen vorbei. Sie lächelt, streicht Clara über den Kopf und sagt: „Da kannst du aber stolz sein. So eine junge Oma zu haben!" Autsch! Susanne (51) ist Claras Mutter. Sie nimmt es einigermaßen gelassen. Zu alt für ein Kind fühlt sie sich keineswegs.

Als sie jung war, war der Kinderwunsch für sie überhaupt kein Thema. „Ich habe ein langes Wirtschafts- und Jurastudium absolviert. Danach habe ich vier Jahre in London und drei Jahre in Chicago gearbeitet. Meinen Mann lernte ich bei einem Besuch meiner Mutter in München kennen. Ich fand ihn einfach hinreißend. Gerald ist zwei Jahre älter als ich, spielt meisterlich Saxofon in seiner ehemaligen Studentenband, sieht fabelhaft aus und arbeitet im gleichen Beruf wie ich. Er ist Sozius einer großen Wirtschaftskanzlei. Es stimmte alles auf Anhieb. Lediglich mein Job in Chicago trübte unser Glück. Zwei Jahre lang flogen wir hin und her. Dann sagte Gerald: „Schluss damit. Ich kann dir einen Job in unserer Kanzlei anbieten! Du hast reichlich Auslandserfahrung. Wir suchen gerade nach einer Person wie dir!"

Drei Jahre später haben sie geheiratet. Susanne war zu diesem Zeitpunkt 41 Jahre. Ihre Mutter, damals gerade 60 geworden, jammerte: „Mit einem Enkelkind wird's ja wohl nichts mehr werden! Die Zeit hast du verpasst! Wie man weiß, gehen Spätgebärende ein ziemliches Risiko ein!" Dieser Satz brachte Susanne auf die Palme. Über Kinder hatte sie bisher noch gar nicht nachgedacht. Ihr Mann ebenfalls nicht. Plötzlich lag es auf dem Tisch. Wollten sie Kinder? Gerald schien unentschlossen.

„Wie ist's mit dir?" Das Thema war nicht mehr wegzudiskutieren.

„Das Risiko für das Kind soll bei alten Müttern hoch sein", sagte Susanne. Gerald, der Pragmatiker, meinte: „Wir müssen uns informieren."

Gesagt, getan. Nur war das alles andere als einfach ...

Erfahrene Mütter, kluge Kinder

Viele Frauenärzte sind noch immer der Ansicht, dass Frauen, die Kinder wollen, sich am besten zwischen ihrem 20. und 30. Lebensjahr schwängern lassen sollten. Sonst, mahnen sie, würden diese enorme Risiken eingehen. Von geistigen und körperlichen Schäden der Kinder ist die Rede. Allerdings sind diese Mediziner nicht wirklich auf der Höhe des aktuellen Wissensstands. Zwar gibt es auch heute noch Risiken bei Schwangerschaften, bei denen Mütter über 40 oder 50 Jahre alt sind. Doch nach einer Langzeitstudie der OECD waren die Kinder älterer Mütter im Schnitt größer, erzielten bessere Schulleistungen und besuchten aller Wahrscheinlichkeit nach eine Universität. Dies galt besonders dann, wenn die Mütter bei der Geburt des Kindes bereits älter als vierzig waren. Diese Kinder gingen etwa ein Jahr länger zur Schule oder Universität als die Kinder junger Mütter. Ältere Mütter haben meist einen freundlicheren Umgangston mit ihren Kindern. Der in der Studie begutachtete Nachwuchs neigte auch zu weniger emotionalen und sozialen Problemen und legte generell ein besseres Benehmen an den Tag.

„Die Mütter sind psychologisch und kognitiv flexibler und zudem fähiger, auf die komplexen emotionalen Bedürfnisse ihrer Kinder zu reagieren", erklärt Tea Trillingsgaard, Professorin für Psychologie an der Universität Aarhus in Dänemark. Das Alter der Mütter selbst sei möglicherweise ein Vorteil. Ältere Mütter verfügen über mehr Lebenserfahrung und mehr intellektuelle und emotionale Reife. Auch die soziale Situation älterer Mütter ist meistens gesichert. Sie müssen viele Dinge nicht mehr erreichen. Ihre Karrierewünsche haben sie sich erfüllt. Sie wissen, was sie wollen. Sie sind lockerer den täglichen Anforderungen gegenüber. Diese Fähigkeiten helfen, dem eigenen Kind besser gerecht werden zu können.

Für Susanne und Gerald waren diese neueren Studien geradezu eine Aufforderung, viele ihrer Bedenken beiseitezuschieben. Sie machten sich an die gemeinsame Planung, ihren Kinderwunsch in die Realität umzusetzen. Nach drei Jahren wurde Susanne mit Clara schwanger. Im wahrsten Sinne ein echtes Wunschkind. Beide Elternteile lieben die kleine Clara. „Sie ist ein lebendiges, hinreißendes Mädchen mit allen Unarten, die eben Kinder haben", sagt Susanne glücklich. „Wir sind stolz auf sie!" Gegen schräge Blicke oder dumme Bemerkungen ist sie inzwischen immun! „Eines allerdings ist auffällig: Wenn ein tatteriger Alter sich als Vater entlarvt, bekommt er lobende Kommentare!", wundert sich Susanne kopfschüttelnd.

Doch wie reagieren die Kinder, wenn die Frage kommt: „Ist das deine Oma?"

Jule ist 19 Jahre alt. Sie beginnt gerade ihr Kunstgeschichtsstudium. Ihre Mutter Katherina war 50 Jahre alt, als Jule auf die Welt kam. Damals war sie bereits geschieden, ihr Exmann ist trotzdem der genetische Vater. Auf das Wort *genetisch* legt Katherina großen Wert. Sie war, selbst als sie schwanger wurde, davon überzeugt, dass ihr Ex keineswegs ein guter Vater werden könnte. Jules Mutter, die einen kleinen Kunstverlag leitet, arbeitete bis knapp vor der Geburt. Ein Kürzertreten gab es für sie nicht. Katherina hatte alles bis ins Kleinste geplant. Nach dem Krankenhaus war sofort eine Kinderfrau engagiert. Um den Haushalt kümmerte sich eine ältere Tante. Mit einem Wort: Es lief!

Wenn ihre Anwesenheit unverzichtbar war, bei der Anmeldung im Kindergarten etwa, bei Schulantritt oder bei Elternversammlungen, war Katherina selbstverständlich da. „Ich glaube, ich habe einen ganz guten Job gemacht!", findet sie.

Nicht so happy war Jule. „Als ich kleiner war, haben die Leute oft getuschelt. Ob ich denn die Enkelin von Katherina wäre. Wo denn meine *richtige* Mutter abgeblieben sei. Ob sie sich vor der Aufgabe, ein Kind großzuziehen, gedrückt hätte. Anfangs verstand ich nur Bahnhof. Meine Oma, das war doch Mamas Mutter Doro. Was sollte dieses blöde Gezischel?"

Als Katherina bemerkte, wie verunsichert ihre Tochter war, ging sie zur Direktorin der Schule. „Ich möchte", sagte sie, „dass diese Häme und das Getuschel aufhören. Sagen Sie mir, was ich tun kann!" Die Direktorin, eine Frau in Katherinas Alter, schüttelte den Kopf. „Darüber hätten Sie vielleicht früher nachdenken sollen!", sagte sie.

Katherina beschwerte sich bei der Schulbehörde. Die Direktorin wurde abgemahnt. Was aber viel wichtiger war, eine Psychologin, die den Aufklärungsunterricht in Jules Schule überwachte, nahm sich des Themas *ältere Mütter* ausgiebig an. „Plötzlich war ich so was wie der Mittelpunkt in meiner Klasse. Viele beneideten mich um meine schöne, kluge Mami!", sagte Jule.

Von wegen Promibonus ...

Ein gefundenes Fressen für die Klatschpresse sind immer wieder Promifrauen, die spät Kinder bekommen. Die 50-jährige Moderatorin und Schauspielerin Caroline Beil hat im Februar 2017 mit ihrer späten Schwangerschaft für reichlich Wirbel gesorgt. „Es ist etwas ganz Besonderes, mit 50 noch einmal schwanger zu werden. Ein riesengroßes Glück, ein Wunder, das wir dankbar und mit freudigem Herzen annehmen", sagte sie damals.

Allerdings musste sich die Schauspielerin wegen ihrer späten Schwangerschaft gegen herbe Kritik verteidigen. Das Paar machte kein Geheimnis daraus, dass es mit künstlicher Befruchtung nachgeholfen hatte. Weil Caroline Beil und ihr Mann nicht von Paparazzi verfolgt werden wollten, machten sie die Schwangerschaft öffentlich. Allerdings half das wenig. Die oft gehässigen Kommentare überraschten Caroline Beil. Sie kritisierte, dass bei Männern und Frauen, die in einem gewissen Alter noch einmal Nachwuchs bekämen, mit zweierlei Maß gemessen werde. „Dass ich als Frau mit 50 Jahren Mutter werde, wird hingegen nicht nur kritisiert, sondern auf einer Ebene thematisiert, die verbal ausufert", sagte Beil. „Offensichtlich ist Emanzipation noch nicht da, wo sie sein sollte."

Die Liste der Promifrauen, die Lust auf eine späte Schwangerschaft haben und die nach Meinung ihres klatschsüchtigen

Publikums die verdammte Pflicht haben, ihr Leben öffentlich auszustellen, ist lang.

Eine gigantische Empörungswelle in dieser Angelegenheit entfachte die italienische Sängerin Gianna Nannini. Gianna war 55 (2011), als sie ihr Wunschkind bekam. Nannini, die italienische Rocksängerin, ist nach eigenen Worten auf natürliche Weise mit 54 Jahren schwanger geworden. „Ich habe keine Hormone genommen und hatte ganz wenige ärztliche Untersuchungen", sagte sie in einem Interview. Im November 2011 hat sie ihre Tochter Penelope per Kaiserschnitt zur Welt gebracht. Am Anfang ihrer Schwangerschaft habe sie die ersten Blutproben unter dem Namen ihrer Mutter eingeschickt, erzählte die Sängerin süffisant. „Da hat das Labor mich angerufen und gesagt: ‚Glückwunsch, Signora! Sie sind schwanger mit 85 Jahren!' So alt war meine Mutter damals!" Nie für einen Scherz zu schade …

Den Vater des Kindes will die Sängerin nicht verraten: „Er ist nicht berühmt wie ich", sagte sie nur. Dass sie mit 54 ein Kind erwartete, scheint Gianna Nannini nicht erstaunt zu haben. „Die Frauen im Süden Italiens bekommen auch heute noch Kinder mit über 50, aber davon redet niemand, weil die nicht so berühmt sind wie ich", sagte sie. Ihre Mutter sei bei der Geburt ins Krankenhaus gekommen. „Ach, wenn die Mutter da ist, wird man immer selbst wieder zum Kind. Ihr Problem ist, dass ich ungekämmt bin und mich schlecht anziehe. Findet sie!", sagte Nannini. „Aber ich bin jetzt ganz brav, ich kämme meine Kleine jeden Tag. Allerdings im Rockstil. Meine Tochter hat mich aus dem Dauerdruck der Karriere geholt!"

Der Musicalstar Ute Lemper war 48 Jahre alt, als sie ihr viertes Kind, den Sohn Jonas, im Oktober 2011 zur Welt brachte. Ihr damals 19-jähriger Sohn studierte Wirtschaft und Französisch, ihre Tochter (inzwischen 24) lernte zu dieser Zeit fleißig für den Uniaufnahmetest. „Sie hat die besten Zensuren und ist wahnsinnig ehrgeizig", erzählt Lemper. Ihr Zweitjüngster sei der Sportler unter den Kindern: „Mein 14-Jähriger ist der Wildeste von allen, er ist der Diabolo der Familie." Er liebe Baseball, Basketball, Fußball und Tennis. Weil sie es selbst nicht mehr schaffe, mit ihm herumzutoben, hätten ihr Mann und sie nun ein männliches Au-pair engagiert, „mit dem er kämpfen kann!". Für den Jüngsten, Jonas (heute 8), musste sogar die Wohnung sicherer gemacht werden: „Wir müssen überall Gitter an den Treppen haben, dass er nicht denkt: Jetzt bin ich mal Supermann und werde fliegen."

Seltsamerweise werden weder in Amerika noch in Frankreich oder England späte Schwangerschaften so hämisch kommentiert wie in Deutschland. Kein schräges Wort über Frankreichs ehemalige First Lady Carla Bruni-Sarkozy, als sie 2012 mit 43 Jahren noch einmal Mutter wurde. Claire Blair, Frau des ehemaligen britischen Premiers Tony Blair, bekam mit 45 Jahren den Sohn Leon. Auch hier Gratulationen und keine bösen Zungen.

Ist dieses ewige Nachtreten also typisch deutsch? Auf jeden Fall kann es einem gehörig auf die Nerven gehen. Und kann mir mal jemand sagen, warum eine Frau, die sich ein Kind wünscht, gesund ist und sämtliche von einem Facharzt ausgeführten pränatalen Tests absolviert hat, nicht noch mit Ende 40 Mutter werden darf? Eben.

Weitere Tretminen:

Berufswahl und *Geldverdienen*

In einer Idealbeziehung zwischen Mutter und Tochter wäre die Berufswahl der Tochter allein deren Sache. Die Mutter würde wohl versuchen, ihre Talente zu fördern, sich ansonsten aber dezent zurückhalten. Umgekehrt wären die Töchter rückhaltlos stolz auf die Arbeit ihrer Mütter oder würden sie zumindest tolerieren. Aus eigener Anschauung verhält sich das nicht annähernd so. Ist ja auch wirklich nicht immer einfach – für beide Seiten.

Meiner Mutter wäre es am liebsten gewesen, wenn ich einen reichen Mann geheiratet hätte. Zu allem, was ich an Berufswünschen geäußert hatte, meinte sie nur: „Wozu soll das denn gut sein? Du wirst Kinder kriegen, und die sollst du zu anständigen Menschen erziehen!" Ich hätte ihr an die Gurgel springen mögen. Warum sagte sie so etwas? Hielt sie mich für unfähig? Oder gab sie nur die Meinung ihrer eigenen Eltern weiter?

Jeden Jungen, den ich mit nach Hause brachte, scannte sie in diesem Sinne. Waren seine Eltern vermögend, erschien er ihr als „eventueller Kandidat". Als ich genug hatte von dieser verkappten „Bräutigamschau", flüchtete ich nach München. Aus lauter Frust begann ich ein Studium, das mich überhaupt nicht interessierte.

Ich hatte schon, als ich kurz vor dem Abitur stand, eine *Teeniekolumne* in einem Boulevardblatt. Teenies kamen damals gerade groß in Mode. Die Kolumne war ein voller Erfolg. Gleichaltrige kauften plötzlich das etwas spießige Blatt, um meine ziemlich schrägen Ansichten zu lesen. Meine Mutter fand „dieses dumme Zeug" fürchterlich. Ich glaube, sie schämte sich sogar ein wenig für ihre aufmüpfige Tochter. Meinen Vater amüsierten meine frechen Ansichten. Er war studierter Jurist und Verleger und meinte: „Das Kind zeigt doch deutlich, wo es beruflich hinmöchte!"

Recht hatte er. Die Uni habe ich vielleicht zehn Mal von innen gesehen. Ich beschaffte mir ein Zeitungsvolontariat und durfte aufregende Reportagen über Kaninchenzüchtervereine oder neu eröffnete Kitas machen. An wirklich spannende Storys kam ich anfangs gar nicht erst ran. „Später – lern erst mal was!", sagte mein damaliger Chefredakteur.

Meine Mutter suchte derweil weiter nach einem Mann für mich. Sie war total enttäuscht, als ich ihr einen Kandidaten meiner Wahl präsentierte. Der Mann war geschieden, hatte vier Kinder, und von *money, money, money* konnte bei ihm kaum die Rede sein. Ich war fortan ein hoffnungsloser Fall für sie.

Nachdem ich mit Anfang 20 schon zwei Mal geschieden war, schien sich ihre Prognose „Aus dir wird eh nichts. Hättest du mal auf mich gehört!" zu bewahrheiten. Dass ihre „kleine Versagerin" als Journalistin Karriere machte, ignorierte sie. Anfangs schmerzte mich das. Mein Vater allerdings tröstete mich: „Weißt du, deine Mutter hat noch ein völlig anderes Frauenbild. Sie selbst hat nie einen Beruf gelernt. Wahrscheinlich glaubt sie, dass die wahre Berufung der Frau die Ehe und die Mutterschaft ist!"

Jahre später, als meine Mutter mich zum ersten Mal in einer TV-Show sah, kam so etwas wie Stolz in ihr auf. Sie rief mich an, sagte, dass ich gut ausgesehen hätte. Aber: „Diese neue Frisur kleidet dich überhaupt nicht! Sind so kurze Haare etwa jetzt modern? Ziemlich unweiblich! Etwas charmanter hättest du auch sein können."

Ich war gerade zum dritten Mal geschieden. Und wenn ich meine Mutter richtig interpretiere, glaubte sie anscheinend, dass ich durch diese Show endlich den richtigen Mann finden könnte. Wonach mir nun wirklich nicht der Sinn stand. Dass so ein Auftritt eine gute Werbung für mein neues Buch war – geschenkt.

Wenn Eltern den Karrierecoach geben

Dass andere Mütter noch viel verletzender sein können, lernte ich bei Freundinnen. Sie versuchten, ihre eigenen Karriereträume durch ihre Töchter zu verwirklichen. Sandra, eine Freundin aus der gemeinsamen Schulzeit, erzählte: „Ich wollte Medizin studieren. Meine Mutter fand, dass dieses Studium für mich falsch sei. Zu lang, zu schwer und zu unweiblich! Sie fand, ich solle Sprachen lernen und Dolmetscherin werden. ‚Du bist viel zu flatterig, als dass du so ein Medizinstudium durchhalten würdest! Aber als Dolmetscherin kannst du die Welt sehen. Da lernst du viele Menschen kennen', empfahl sie mir."

Sandra, die dann Kunstgeschichte studierte, kann heute noch über ihre Mutter lachen. „Sie meinte mit den Menschen, die ich kennenlernen würde, eigentlich ausschließlich Männer. Männer, die mir ein sorgenfreies Leben bieten konnten. Ein Leben, wie es mein Vater ihr nie geboten hat. Er war Beamter beim Finanzamt." Sandra hatte später eine eigene Galerie für Kunst aus dem asiatischen Raum.

Mütter, so sagt man, wollen ja immer nur das Beste für ihre Kinder. Leider aber verstehen viele die Wünsche ihrer Sprösslinge nicht, oder sie versuchen, die eigenen unerfüllten Berufsträume durch ihre Töchter zu verwirklichen. Wenn diese dann widerwillig dem Druck folgen und dabei kreuzunglücklich sind, fallen Sätze wie: „Du musst dich einfach mehr anstrengen! Dann klappt das schon!" Oder: „Wenn du versagst, fällt das doch auf mich zurück!" Und schlussendlich das fatale Fazit: „Du wirst immer meine kleine Versagerin bleiben!" Wer da allerdings versagt hat, dürfte nicht die Tochter sein!

Marie, die Freundin meiner Tochter, ein fröhliches und aufgewecktes Mädchen, war sehr sportlich und hatte den Traum, diese Leidenschaft zum Beruf zu machen. Was genau sie arbeiten wollte, wusste sie damals noch nicht. Auf jeden Fall wollte sie auf eine Sporthochschule gehen. Großes Gezeter zu Hause. Maries Mutter war Schneiderin. „Weshalb machst du nichts mit Mode? Du hast doch Talent dazu. Du könntest es zu einer tollen Designerin schaffen!", fand ihre Mutter. Um endlich Ruhe zu haben, erfüllte Marie den Wunsch ihrer Mutter und machte ein Examen auf der Hochschule für Mode.

Marie hat nie als Designerin gearbeitet. Sie hat sich nach ihrem Abschluss zur Fitnesstrainerin ausbilden lassen und vor einigen Jahren ein eigenes Fitnessstudio eröffnet. Dazwischen lagen ermüdende Kämpfe mit ihrer Mutter. Kontaktabbrüche und Familienfehden, die sogar Maries späteren Ehemann einschlossen. Zwischenzeitlich war Marie so fertig, dass sie in eine Therapie ging.

Nach einem ehrlichen Gespräch, auf das Marie nach ihrer Therapie bestanden hatte, verstehen sich beide zum ersten Mal nach langer Zeit, ohne dass auf der einen oder anderen Seite Aggressionen hochkochen. „Meine Mutter hat eingesehen, dass ich ihre Träume nicht stellvertretend für sie wahr werden lassen konnte. Wir haben uns dann heulend in den Armen gelegen. Das war wirklich sehr schön!"

Aber auch Marie hat eingesehen, dass sie selbst einen Anteil an diesen unsinnigen Kämpfen hatte. „Ich habe mich nie gut durchsetzen können", erzählt sie. „Schon als ich noch ein kleines Mädchen war, hat meine Mutter ihren Willen immer bekommen. Keine Ahnung, warum ich nie widersprochen habe. Mein Selbstbewusstsein war ziemlich mager. Ihre Rede war immer: ‚Ich will doch nur dein Bestes!' Das habe ich dann einfach so geschluckt!"

Als Marie das erzählt, lacht sie. „Weißt du, heute denke ich, dass ich durch diese ständige Gängelei schließlich gelernt habe, mich jeglichen Schwierigkeiten, sowohl privat als auch beruflich, zu stellen!"

Karlas Familie besaß einen großen Bauernhof im Allgäu, der schon seit Generationen den Schweigers gehörte. Als sie ein Kind war, liebte sie es, die Tiere zu füttern und die Kühe auf die Weide zu führen. Sie war ein zartes Kind, das sich jede nur mögliche Krankheit einfing. Ihr älterer Bruder Ben sollte einmal den Hof erben. Für Karla sah die Familie etwas anderes vor. „Landschaftsgärtnerin wäre doch wirklich schön für dich!", fand ihr Vater. „Für die harte Arbeit hier bist du zu schwach!"

Karla machte einen Realschulabschluss und ging dann in die Lehre bei einem Landschaftsarchitekten. „Ich fand das eigentlich sehr schön. Von zu Hause war ich es gewohnt, viel draußen zu sein. Aber die Tiere fehlten mir!" An den Wochenenden fuhr sie auf den

Hof. „Das waren immer meine Highlights. Die meiste Zeit habe ich auf der Weide oder in den Ställen verbracht. Mein Bruder schien unglücklich zu sein. Meistens war er an den Wochenenden nicht da. Er hatte mit einigen Kumpels eine Brassband gegründet. Samstag und Sonntag spielten sie. Einmal sogar in einem Club in München."

Aber auch die Eltern waren nicht zufrieden. Sie klagten Karla ihr Leid: „Dein Bruder ist mit seinem Kopf nie bei der Arbeit. Wo er doch den Hof erben soll. Aber er hat irgendwelche Flausen im Kopf!" Karla, die ihren Bruder sehr gern hat, suchte das Gespräch mit ihm. „Natürlich liebe ich die Viecher und das Drumherum. Aber das ist nicht mein Leben! Irgendwann werde ich verschwinden! Ich will Musik machen!" Als die Eltern das hörten, brannte die Hütte. Von Undank war die Rede. Von Überschätzung und lausiger Musik.

Heute, fünf Jahre später, ist der Friede auf den Schweiger-Hof zurückgekehrt. Karla hat sich für Ben eingesetzt. Sie hat ihren Abschluss als Landschaftsgärtnerin geschafft. Ben und seine Band touren inzwischen durch Deutschland, Österreich und die Schweiz – mit großem Erfolg. Die Eltern haben zwei erfahrene Knechte eingestellt.

Und Karla? „Meine Mutter, die diese Idee mit der Landschaftsgärtnerin hatte, unterstützt mich inzwischen toll. Selbst mein Vater, der unterdessen die wirklich schwere Arbeit nicht mehr machen kann, sieht, dass ich eine ganz gute Bäuerin abgebe." Vor einem Jahr hat Karla ihre Jugendliebe Korbinian geheiratet. Der Hof von seiner Familie schließt genau an das Grundstück der Schweigers an. Ben hat inzwischen den Segen seiner Eltern und ist erfolgreich mit seiner Band. Über Karla staunt ihre Mutter heute noch. „Wo sie doch so ein zartes Dirndl war. Ich hätte nie geglaubt, dass sie sich so in den Hof reinschaffen kann!", sagt Mutter Schweiger. „Wahrscheinlich sollten wir Eltern nicht immer glauben, dass wir wissen, was für unseren Nachwuchs richtig ist!"

Wie wahr! Seit Urzeiten mischen sich Eltern massiv ein in die Berufswünsche ihrer Sprösslinge. Haben sie wirklich vergessen, wie sehr sie selbst diese Haltung ihrer Eltern gehasst haben?

Aber es gibt freilich auch Fälle, in denen die Töchter Einwände gegen den Beruf ihrer Mutter erheben. Besonders, wenn diese eher unorthodoxen Tätigkeiten nachgehen ...

Puffmutter ist auch ein Beruf

„Ich gehe ins Büro", hatte Grazias Mutter immer gesagt. Und irgendwie stimmte das ja auch. Wenn Mama Margarete am späten Vormittag das Haus verließ, war sie gekleidet wie eine normale Angestellte: Blazer, Seidenbluse und schicke Pumps. So wie all die Jahre, die sie noch als Prokuristin in einem großen Betrieb gearbeitet hatte – bis sie dort von heute auf morgen kündigte. Grazia aber sah nie einen Grund, irgendetwas zu hinterfragen. „Mama", sagte sie, „macht jetzt irgendwas mit Hausverwaltung." Was im Wesentlichen auch stimmte.

Acht Jahre zuvor, Grazia war gerade sieben Jahre alt geworden, hatte Margarete ein Haus mit 450 Quadratmetern Wohnfläche in Düsseldorf geerbt. Das zweistöckige Haus hatte einem kinderlosen Onkel gehört. Margarete war die Existenz dieses Anwesens bis dato unbekannt gewesen. Umso größer war ihre Überraschung. Wie schön, plötzlich hatte sie so etwas wie ein Vermögen. Sie nahm das Erbe mit Kusshand an, ohne sich das Haus zuvor angesehen zu haben.

Kurz nach dem Tod des Onkels meldete sich ein gewisser Carlo bei ihr. „Wir müssen reden", sagte er. Margarete glaubte, mit einem der Düsseldorfer Mieter zu sprechen. Sie vereinbarten einen Termin vor Ort. Margarete fiel beinahe vom Glauben ab: Das Erbstück entpuppte sich als Bordell. Carlo – ein leicht fülliger italienischer Mitdreißiger – grinste über ihre Ahnungslosigkeit. „Signora", sagte er, „ihr Onkel hat dieses Etablissement 30 Jahre lang erfolgreich betrieben. Wir haben hier eine ausgezeichnete Stammkundschaft, sogar einige prominente Herrschaften. Sie können dieses Haus unmöglich verkaufen! Unsere Damen würden ihre Arbeitsplätze verlieren." Er fügte hinzu: „Natürlich haben wir keine normalen Ladenöffnungszeiten, und die Zimmer im zweiten Stock werden einzeln vermietet. Darf ich Ihnen jetzt die Damen vorstellen?" Margarete starrte den Typen an. War das hier eine Versteckte-Kamera-Story?

Carlo hatte ihr inzwischen einen Sessel in einem der Salons zurechtgerückt. „Schauen Sie", meinte er und tätschelte ihre Hand. „Wir sind keine Kriminellen. Hier geht alles mit rechten Dingen zu. Findet sogar das Ordnungsamt. Und mit der Polizei hatten wir auch noch nie Ärger."

Carlo reichte Margarete ein Glas Champagner und rief: „Ich freue mich, eine so charmante Chefin zu haben" und wollte mit ihr anstoßen. „Möchten Sie jetzt vielleicht die Bücher einsehen?"

Margarete wollte nur noch weg. „Das muss ich erst einmal verdauen!", sagte sie zu Carlo. „Ich melde mich."

Das war nun acht Jahre her. Irgendwann hatte Margarete sich tatsächlich die Buchhaltung angesehen. Alles ordentlich und peinlich genau geführt. Die Bilanzen waren ansehnlich. Selbst die Damen sahen nicht aus wie billige Straßennutten. Einige von ihnen hatten sogar eine beachtliche Schulbildung. Warum sie anschaffen gingen? Dana, eine rothaarige Endzwanzigerin mit Abitur, sagte trocken: „Erstens stimmt das Geld, und zweitens ist Sex einfach mein Ding. Wenn ich in ein paar Jahren genügend Kohle zusammenhabe, mache ich einen Begleitservice auf."

Schließlich kündigte Margarete ihren Job als Prokuristin und begann, im Bordell als Geschäftsführerin zu arbeiten – dort war einfach mehr Geld zu verdienen. Mit der Zeit wurde das Etablissement ihr zum stinknormalen Arbeitsplatz. Sie fing gegen Mittag an, verschwand in ihrem Büro, ließ sich von Carlo berichten, ob es besondere Vorkommnisse gab, sprach mit ihren „Mädels" und überlegte sich Verbesserungen für das Business. Ihr Tag endete meist spätnachmittags. Manchmal auch spätabends, wenn einer der Stammgäste den Salon für ein Fest mietete. Nur eines mied sie partout: Einblick in all das, was sich hinter den Polstertüren abspielte. Und ihrer Tochter Grazia erzählte sie auch nichts von alledem.

Eines Nachmittags meldete Carlo einen der langjährigen

Stammgäste an, der mit ihr eine Festivität besprechen wollte. Gunnar L. war der Vater von Grazias bester Freundin. „Peinlich" ist eine Untertreibung für die Situation, die entstand. Margarete machte das Beste daraus und erklärte Gunnar, dass sie das Haus - und somit auch die Damen - geerbt hatte. Nach einem gemeinsamen Glas Wein konnte auch der Ertappte darüber schmunzeln.

„Weiß Ihre Tochter davon?", wollte er wissen. Margarete verneinte. „Wozu? Das würde mein Mädchen nur verunsichern." Sie bat ihn um höchste Diskretion und versicherte ihm auch ihrerseits Verschwiegenheit.

Der Teufel ist, wie man weiß, ein Eichhörnchen, flink und gründlich. Gunnar erzählte einem Freund von der amüsanten Begegnung im Puff. Dieser tratschte es seiner Frau weiter. Die wiederum ihrer besten Freundin. Deren Tochter war mit Grazia befreundet. Gerüchte verbreiten sich überall - wie die Schlange auf dem Bild *Das Gerücht* von A. Paul Weber. Schließlich landete alles - in Windeseile noch dazu - bei Grazia.

„Deine Mutter hat einen Puff! Wie kann die nur?", hieß es auf dem Pausenhof. Für Grazia begann ein Spießrutenlauf. Sie wollte nicht mehr zur Schule gehen. Weinend konfrontierte sie ihre Mama mit dem Gehörten. Ein Mitschüler hatte Grazia unter dem Johlen der gesamten Klasse gefragt: „Ist Puffmutter eigentlich ein Ausbildungsberuf? Dann kannst du ja bei deiner Alten in die Lehre gehen, cool."

„Einige Eltern in meiner Klasse haben ihren Kindern verboten, mich zu treffen", heulte Grazia. Die Erkenntnis, dass sich ihre eigene Tochter für sie schämte, belastete Margarete. Was sollte sie jetzt tun? Das Bordell verkaufen? Doch was passierte dann mit ihren Mädels?

Margarete marschierte in Grazias Schule. Die Direktorin war eine selbstgerechte Spießerin. „So etwas gab es bei uns noch nie", empörte sie sich mit spitzer Stimme. „Sie waren doch mal eine anständige Person!" Das war der Satz zu viel. „Hiermit melde ich meine Tochter von Ihrer ehrenwerten Schule ab." Gesagt, getan. Aber was jetzt?

Ausgerechnet Gunnar, der Mann, mit dem die Misere erst ange-
fangen hatte, kam auf die zündende Idee. „Meine Tochter ist grottenschlecht in der Schule. Sie bleibt sitzen. Warum suchen wir nicht
für beide Mädchen ein gutes Internat? Dann bleiben die beiden wenigstens zusammen."

Tatsächlich stellte sich das Internat als Glücksfall heraus. Grazia
und ihre Freundin Sidonie fühlten sich wohl. Niemand fragte, niemand interessierte sich für die familiären oder beruflichen Dinge
der Schüler.

Hätte Margarete ihren *Berufswechsel,* der doch eigentlich keiner
war, ihrer Tochter erklären müssen? Und wenn ja, wie? Am besten in einem ausführlichen Mutter-Tochter-Gespräch. Sie hätte ihr
vom unerwarteten Erbe des Onkels erzählen können und von ihrer
eigenen Überraschung darüber. Von der finanziellen Situation der
Familie, die sich ja auch auf Grazias Taschengeld sehr positiv aus-
gewirkt hatte. Im zweiten Schritt hätte sie Grazia den Damen vorstellen können. Hätte, hätte, Fahrradkette ...

Auch wenn die Kommunikation in diesem Fallbeispiel subopti-
mal gelaufen ist, so gab es schließlich doch eine schöne Wendung:
Grazia hat sich später tatsächlich gewünscht, „Mamas Mädels"
kennenzulernen, und sich mit Margaretes ungewöhnlichem
Arbeitsplatz arrangiert. Ihre eigenen Berufswünsche sahen Jahre
später völlig anders aus: Grazia studierte Jura.

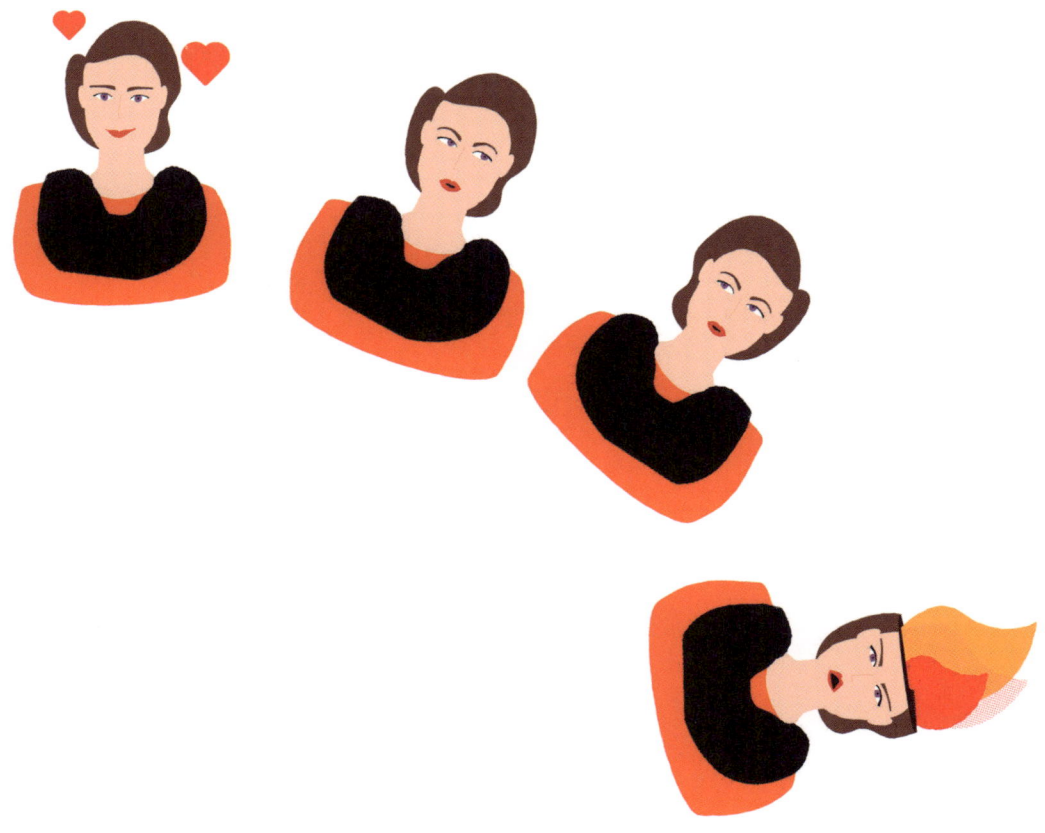

Oh Mamma Mia:

Die *Mutter* als *altes* *Eisen*

Welche Erwartungen haben Mütter im Alter an ihre Töchter? Sind diese gerechtfertigt? Der Generationenvertrag ist heute längst aufgekündigt. Alte Eltern fühlen sich von ihren Kindern oft abgeschoben. Es ist eine schwierige Frage, ob Eltern überhaupt Dankbarkeit erwarten dürfen – oder gar einen Anspruch darauf haben. Sicher sollten Kinder ihre alten Eltern nicht mit allem allein lassen, aber was darf, was kann man der jüngeren Generation zumuten?

Peinlich und nicht mehr gut genug?

Karoline N. (67) hat zwei Töchter. Lilia ist 26 und Annagret 29. Karolines Mann Hanns-Walther hat gerade seinen 81. Geburtstag gefeiert. Er ist seit drei Jahren langsam in die Demenz abgeglitten. Karoline kümmert sich um ihn. In ein Heim mag sie ihn nicht geben. „Wir haben vierzig wunderbare Jahre miteinander gehabt. Sind viel gereist und konnten trotz einer Firmenpleite unsere beiden Töchter studieren lassen. Als ich für meinen Mann eine schöne Geburtstagsfeier ausrichten wollte, stellten sich beide Mädchen dagegen. Ich weiß, dass er es genossen hätte. Doch sowohl Lilia als auch Annagret waren dagegen. ‚Willst du ihn so vor allen Freunden präsentieren? Das wäre ihm sicher nicht recht!‘, sagten sie.“

Beide Töchter hatten gerade neue Beziehungen begonnen. Lilia war mit ihrem Chef verbandelt. Annagret hatte nach einer Scheidung einen ziemlich schnöseligen Arzt kennengelernt. „Sie versuchten mich zu überzeugen, dass unserem Vater eine kleine Feier im engsten Kreis ‚bei seiner *Behinderung*‘ besser tun würde. Ich war fast von ihrer Ehrlichkeit überzeugt, als mich das Wort *Behinderung* aufschreckte. Wir waren vor ihren neuen Männern nicht mehr gut genug.“

Die Erkenntnis stürzte Karoline in eine große Verunsicherung. Was waren sie für ihre Töchter gewesen? Zahlende Idioten, die gut genug waren, Reisen und Ausbildung zu finanzieren und Sonderwünsche zu erfüllen? War ihr Vater ihnen jetzt peinlich? Als er noch der angesehene Holzgroßhändler war, ihnen Führerscheine und die ersten Autos finanzierte – war er willkommen. Sie sprach das offen vor beiden an. „Nein", versicherten beide. „Wir wollen ihn nur nicht überfordern!" Dass dies eine Lüge war, sah Karoline ihnen an. Sie sagte die geplante Feier ab.

Als besonders bitter empfand sie es, dass keine ihrer Töchter sie jemals gefragt hatte, wie sie selbst mit der Demenz des Vaters fertigwurde. Ob sie die Arbeit mit dem oft wirren Senior schaffte. „Keine der beiden hat mir Hilfe angeboten. Sie haben mich völlig alleingelassen. Für sie war es selbstverständlich, dass ich Tag und Nacht für ihren Vater da bin. Selbst als ich vor Überlastung depressiv wurde, hörte ich von ihnen nur: ‚Das wird schon wieder!'"

Statt der Geburtstagsfeier hat sie dann einen Flug nach Taormina gebucht. „Das Hotel, in dem wir unsere Hochzeitsnacht verbracht hatten, existierte noch. Wir blieben eine Woche. Es war wunderbar. Mein Mann genoss jeden Tag. Er verstand nur nicht, dass seine Töchter nichts von sich hören ließen."

Ein paar Monate später haben sich Lilia und Annagret bei der Mutter entschuldigt. Aber sie haben noch immer nichts begriffen. Ihren Vater mögen sie immer noch nicht vorzeigen, und die Hilferufe ihrer Mutter überhören sie großzügig. Karoline beschwindelt ihren Mann, wenn er in seinen hellen Momenten nach seinen Mädchen fragt. „Ich sage dann, dass sie Auslandsjobs haben! Traurig, aber ich glaube, das kann er am besten verarbeiten."

Wie unsicher müssen diese beiden Töchter sein, dass sie glauben, ihren Vater vor ihren Partnern verstecken zu müssen? Warum sprechen sie ihren Männern von vornherein jedes Mitgefühl ab? Das Problem gehört auf den Tisch!

Späte WG – übergriffige Mitbewohnerin

Leslie L. (48) fühlte sich in die Pflicht genommen. Ihre Mutter, vom Vater schon seit einer Ewigkeit geschieden, arbeitete seit

20 Jahren als Dolmetscherin und Übersetzerin in der Deutschen Botschaft in Washington. Ob sie nicht irgendwann wieder nach Hause kommen wolle, hatte Leslie sie hin und wieder gefragt. „Ich fühle mich wohl", antwortete Marlen L. „Eigentlich ist das hier mein Zuhause! Alle meine Freunde leben in Washington!"

Marlen schied mit 65 aus ihrem Job aus. „Was tust du die ganze Zeit", wollte Leslie bei einem ihrer üblichen Telefonate wissen. „Reisen, Freunde treffen. Mir geht es glänzend!" Leslie war zufrieden. Der Mutter schien es gut zu gehen. Genügend Geld hatte sie. Also alles paletti.

Kurz nachdem Marlen 70 geworden war, hatte sie einen leichten Schlaganfall. Ihr Sprachzentrum war kurzfristig gelähmt. Leslie war besorgt. „Überleg doch mal, ob du nicht doch wieder nach Deutschland kommen magst!", bat sie die Mutter. Es dauerte nicht lange, da meldete Marlen Umzugspläne an. „Kann ich vorerst bei dir wohnen?", fragte sie Leslie.

Leslies Sohn Marc und die Tochter Leila studierten im Ausland. In der großen Altbauwohnung war genügend Platz – vorübergehend! Oma Marlen kam mit großem Gepäck und einer Containerladung. Alles kein Problem. Lagerplatz wurde gefunden. Das Zimmer für Marlen hergerichtet.

Das Zusammenleben der beiden aber gestaltete sich schwierig. Marlen und Leslie waren gewohnt, allein zu leben. Außer Ferienbesuchen hatten beide keine Erfahrung miteinander. Leslie fühlte sich von Maren herumkommandiert. Ihre Mutter war Vegetarierin. Fleisch und Fisch verabscheute sie. Es gab lange Diskussionen, was gekocht werden durfte – und was nicht.

Auch vor der Wohnung machte die Mutter nicht halt. „Wieso räumst du das Wohnzimmer um? Hättest mich ja fragen können."

„Aber so ist es doch viel hübscher. Findest du nicht?"

Leslie schluckte einen weiteren Protest hinunter. Das Zusammenleben sollte ja nur für den Übergang sein. Maren war eine Ordnungsfanatikerin. Ließ Leslie etwas liegen, räumte sie es ihr hinterher. Als Leslie eines Abends nach Hause kam, roch es merkwürdig in der Wohnung.

„Was ist das?", fragte sie ihre Mutter.

„Sweetie – das sind wunderbare Duftkerzen. Ich habe sie aus Mexiko mitgebracht. Ich mag es nicht, wenn eine Wohnung nach Essen riecht!"

Leslie riss alle Fenster auf. „Es stinkt wie im Puff!", knurrte sie, packte ihre Handtasche und verließ die Wohnung.

Das Hinunterschlucken wurde langsam zur täglichen Übung für Leslie. Dann begann Marlen sich in Leslies Liebesleben einzumischen. „Du bist jetzt seit über zehn Jahren geschieden, gibt es denn da keinen Mann?"

Leslie knirschte innerlich mit den Zähnen. Inzwischen wohnte ihre Mutter seit einem halben Jahr bei ihr. Nach einer Wohnung zu suchen, fand sie nicht nötig. Also machte sich Leslie auf die Suche. Ergebnis: zu teuer, zu klein, miese Gegend. Nichts für Frau Mama. Überhaupt gefiel der Mutter die „muffige Art" der Deutschen nicht.

„In Amerika wünscht man sich einen guten Tag!"

„In Amerika laufen die Leute nicht mit so grimmigen Gesichtern herum."

„In Amerika ..."

Anfangs dachte Leslie: Warum um Himmels willen bist du dann nicht dortgeblieben? Leslie begann, sich außerhalb ihrer Wohnung mit den Freunden zu treffen. Das bemerkte natürlich auch ihre Mutter. „Bin ich etwa nicht vorzeigbar?", fragte sie beleidigt.

Da lernte Leslie Dominic kennen. Dominic war Architekt wie Leslie. Sie verstanden sich gut. Eines Abends stand er mit einem Blumenstrauß vor der Wohnungstür. Marlen öffnete und war hocherfreut. Endlich tauchte da mal ein Mann auf. Überschäumend begrüßte sie ihn und kassierte gleich die Blumen ein. Leslie wünschte ihre Mutter zum Teufel, blieb aber säuerlich lächelnd höflich. Marlen lud diesen willkommenen Gast gleich zum Sonntagsbrunch ein. Dominic sagte begeistert zu. „Deine Mutter ist ja so charmant. Warum hast du sie mir nicht schon lange vorgestellt?"

Aus dem Brunch wurde ein fester Sonntagstermin. Dann kam Marlens Geburtstag. Ihr zweiundsiebzigster. Sie fand, dass man groß feiern sollte. Natürlich auch mit Dominic. Er kam mit

Champagner, kleinen Köstlichkeiten und einem etwas zu üppigen Blumenstrauß. Leslie rannte den ganzen Abend zwischen Küche und Wohnzimmer hin und her. Marlen und ihr Freund schwatzten, tranken und stopften die Köstlichkeiten munter in sich hinein. Angeheitert fragte Marlen, ob sie Dominic denn bald als ihren Schwiegersohn begrüßen dürfe. Dass es auch Zeit würde, dass ihre Tochter wieder einen Mann im Haus habe. Sie pries Leslie an wie saure Milch.

Das war schließlich der Punkt, an dem Leslie nicht mehr mitspielen mochte. Zwei Wochen später präsentierte sie ihrer Mutter einen Mietvertrag zu einer 90 Quadratmeter großen Terrassenwohnung im besten Stadtteil. „Take it – or leave me!", sagte sie. Marlen war überrascht, wütend und fand ihre Tochter rücksichtslos. Aber Leslie hatte genug. „Nur, wenn du diese wirklich schöne Wohnung nimmst", sagte sie, „wird sich unser Verhältnis wieder einpendeln. Du bist einfach zu übergriffig geworden, und ich habe es geschluckt!"

Marlen begriff, dass sie zu weit gegangen war. Sie zog aus, fühlte sich sogar wohl in der neuen Bleibe und lud nun ihrerseits zum sonntäglichen Brunch ein. Natürlich auch Dominic. Das ging nahezu ein halbes Jahr so. Leslie hatte inzwischen festgestellt, dass Dominic nicht wirklich ihr Fall war. Sie erklärte ihrer Mutter, dass er nicht mehr zum Brunch käme.

„Warum das denn? Er ist doch wirklich ein toller Mann. In ein paar Jahren kriegst du überhaupt keinen mehr ab!"

Inzwischen hatten sich zu Marlens Sonntagsbrunch auch neue Freunde eingefunden. Immer kam auch Dominic.

„Wir sind nicht mehr zusammen", erklärte Leslie ihrer Mutter erneut. Marlen sah sie etwas spöttisch an. „Kind", sagte sie, „ich weiß Dominics Gesellschaft durchaus zu schätzen. Wir sind inzwischen gute Freunde geworden. Also gewöhn dich gefälligst an ihn!"

„Dann heirate du ihn doch! Oder noch besser: Adoptiere ihn! Dann hast du jemanden, an dem du rumerziehen kannst."

Verkalkt und verlottert?

Sich mit den Beschwerden des Alters zu arrangieren, ist nicht einfach. Die Familie steht oft hilflos daneben, wenn die Mama in die Jahre kommt. Warum erzählt sie eine Story gleich drei Mal hintereinander? Weshalb geht's auf einmal nur noch um ihre Verdauung? Wieso vergisst sie laufend Dinge, die ihr früher so wichtig waren? Aus der immer aus dem Ei gepellten Mutter ist eine etwas nachlässige alte Frau geworden. Das alles sucht sich niemand aus!

Diesen Brief hat eine alte Dame an ihre Tochter geschrieben:

„Mein liebes Mädchen,
an dem Tag, an dem du merkst, dass ich langsam alt
werde, sei bitte geduldig mit mir und versuch zu verstehen, was ich durchmache. Wenn wir miteinander reden und ich die gleiche Sache tausendmal wiederhole,
unterbrich mich nicht, um mir zu sagen: ‚Mama, das
Gleiche hast du vor einer Minute schon gesagt.‘ Bitte,
hör mir einfach nur zu. Weißt du noch, wie ich dir,
als du noch klein warst, Abend für Abend die gleiche
Geschichte vorlesen sollte, bis du eingeschlafen warst?
Wenn ich keine Lust habe, ein Bad zu nehmen, sei mir
nicht böse und zwing mich nicht dazu – erspare mir die
Scham. Erinnerst du dich daran, wie ich hinter dir her-
gerannt bin, als du noch ein kleines Mädchen warst?
Du wolltest nicht unter die Dusche und hattest immer
eine Ausrede.
Wenn du merkst, wie schwer mir all die neuen Dinge
fallen, gib mir die Zeit, sie zu verstehen, und schau
mich nicht mitleidig an. Denk immer dran: Ich habe
dir mit aller Geduld beigebracht, wie man anständig
mit Messer und Gabel isst, sich ordentlich anzieht,
sich die Haare kämmt und den Steinen ausweicht,
die das Leben einem in den Weg legen wird.
An dem Tag, an dem du bemerkst, dass ich langsam alt
werde, sei bitte geduldig mit mir und versuch zu verstehen, was ich durchmache. Wenn wir uns unterhalten
und ich ab und zu den Faden verliere, gib mir die Zeit,
ihn wiederzufinden. Falls mir das nicht gelingt, werde
bitte nicht ungeduldig oder aufbrausend. Du sollst in
deinem Herzen immer wissen: Das Wichtigste für mich
ist die Zeit, die ich mit dir verbringe. Und wenn meine alten, schwachen Knochen mich nicht mehr tragen
wie früher, reich mir deine Hand – so wie ich dir meine

reichte, als du deine ersten Schritte liefst.

Wenn der Tag kommt, an dem du merkst, dass ich alt werde, sei nicht traurig. Bleib an meiner Seite, unterstütze mich und liebe mich, bis ich das Ende meines Lebens erreiche. Ich danke dir für jeden Moment, den wir miteinander verbringen. Ich weiß das wirklich zu schätzen. Mit einem großen Lächeln im Gesicht und all der Liebe in meinem Herzen möchte ich dir sagen: Ich liebe dich, meine Tochter.

Ob Marlen jemals einen so zu Herzen gehenden Brief an ihre Tochter schreiben wird? Sie glaubt immer noch, eine Hauptrolle im Leben von Leslie zu spielen.

Einfach mal loslassen!

P.S.

Meine Mutter, so schien es mir immer, lebte in einer anderen Welt. Das wurde mir umso bewusster, je tiefer ich in das Buchprojekt *Mamma Mia* eintauchte und je mehr ich mich mit dem komplizierten Thema der Mutter-Tochter-Beziehung beschäftigte. In ihrer Welt waren Frauen das schmückende Beiwerk des erfolgreichen Mannes. Sich zu schmücken, zu repräsentieren und ein paar kluge Sätze zu sagen, das war auch ihr Ding. Weniger anfangen konnte sie mit einer aufmüpfigen Tochter. Als harmonisches Mutter-Tochter-Gespann konnte man uns kaum beschreiben – aber das haben Sie bei der Lektüre des Buches unzweifelhaft mitbekommen.

Ich konnte das Haus meiner Eltern gar nicht schnell genug verlassen. München erschien mir als das Tor zur Freiheit. Natürlich riss der Kontakt zu meinen Eltern nicht völlig ab. Wir besuchten einander zu den üblichen Familienfesten. Kamen unangenehme Diskussionen auf, war es Aufgabe meines Vaters, zwischen den Streithennen zu vermitteln.

Viele Jahre später, meine Tochter war inzwischen eingeschult, rief mein Vater mit der schrecklichen Botschaft an, dass meine Mutter Krebs im Endstadium habe.

In der Klinik sah ich – statt meiner ehemals so glamourösen Erzeugerin – eine abgemagerte Todkranke, die mit meiner Mutter kaum mehr Ähnlichkeit hatte.

Ihr Anblick und ihre Hilflosigkeit waren ein Schock für mich. Ich hatte plötzlich das Bedürfnis, ihr nah zu sein.

Drei Monate lang fuhr ich jeden zweiten Tag am späten Nachmittag von meiner Redaktion aus ins Krankenhaus – 150 Kilometer nach Nürnberg und ein paar Stunden später retour.

Ich saß an ihrem Bett, und wir begannen endlich miteinander zu reden.

Über Dinge, die uns jahrelang getrennt hatten. Und zum ersten Mal hatte ich das Gefühl, dass wir uns als Mutter und Tochter
begegneten.

Es war beglückend und unendlich traurig zugleich, denn wir
wussten ja beide, dass dies unsere erste und zugleich letzte wirklich
harmonische Mutter-Tochter-Zeit war.

„Vielleicht zwei, drei Wochen!", war die Antwort ihres behan-
delnden Arztes auf meine verzweifelten Nachfragen, wie lange sie
noch zu leben hatte.

An einem hellen Frühsommertag fuhr ich, wie die vergangenen Monate auch, zu ihr ins Krankenhaus. Meine Mutter sah besser aus als all die Wochen zuvor. Sie schien mir auch ruhiger. Ich hatte plötzlich die winzige Hoffnung, dass uns vielleicht doch noch eine etwas längere gemeinsame Zeit bleiben würde.

Mit Tränen in den Augen betrachtete sie die Fotos von der Einschulung ihrer Enkelin.

Ihr sonst so fahles Gesicht war leicht gerötet. Ich erzählte von meiner Tochter, den nervigen Diskussionen, wenn sie ins Bett gehen oder ihr Zimmer aufräumen sollte. Meine Mutter nickte.

„Die hatten wir doch auch, erinnerst du dich nicht?"

Sie lächelte plötzlich und tastete nach meiner Hand. Ich spürte ganz kurz einen leichten Druck. Das war der Augenblick, in dem meine Mutter starb.

So traurig ihr Tod war: Wir haben in diesen wenigen letzten Wochen zueinandergefunden. Wir haben zusammen gelacht, geweint und uns in die Arme genommen. Es schmerzt mich bis heute, dass es uns in all der Zeit zuvor nicht gelungen war, eine gute Beziehung aufzubauen. Doch dass wir miteinander im Reinen waren, als meine Mutter starb, ist bis heute ein großes Glück für mich.

Autorin

Karin Dietl-Wichmann war Chefredakteurin verschiedener Frauenmagazine, schrieb zahlreiche Bestseller und entwickelte diverse TV- und Zeitschriftenformate. Sie lebt in München und auf einer kleinen Insel im Südchinesischen Meer.

Literatur

Boynton, M. I.: … Tochter sein dagegen sehr. Wege aus dem Mutter-Tochter-Konflikt, Patmos 2005 (Original unter dem Titel: Goodbye mother, hello women 1995)

Cann, R.L., Stoneking, M. Wilson, A.: Mitochondrial DNA and Human Evolution. In: Nature, Band 325, 1987, S. 31–36

Chernin, K.: Als Tochter geboren. Die Aussöhnung mit der eigenen Mutter. Krüger Verlag, 2000

Cossham, L.F.: Plötzlich Rabenmutter? Wie ich meine Familie verließ und mich fragte, ob ich das darf. Blanvalet Verlag, 2017

Cossy, S.: Gebrandmarkt. Das Schicksal, Vera Brühnes Tochter zu sein. Moewig Verlag, 1980

Forward, S.: Wenn Mütter nicht lieben. Töchter erkennen und überwinden die lebenslangen Folgen. Goldmann Verlag, 2015

Haarmann, C.: Kontaktabbruch – Kinder und Eltern, die verstummen. Orlanda Verlag, 2015

Halberstadt-Freud, H.C.: Elektra versus Ödipus. Das Drama der Mutter-Tochter-Beziehung. Klett-Cotta Verlag, 2000

Jäckel, K.: Das Geburtsrecht des Kindes auf Mutter und Vater. Überlegungen zur Sorgepflicht. Deutschlandfunk Kultur, 20.9.2010

Jelinek, E.: Die Klavierspielerin. Rowohlt Verlag, 1983.

Lessing, D.: Das Leben meiner Mutter. Wagenbach Verlag, *2017 (1.* Aufl. 1986)

Mansuy, I., zitiert nach: Bartens, W.: Traumatische Erlebnisse prägen das Erbgut. Süddeutsche Zeitung, 14. April 2014

McBride, K.:Werde ich jemals gut genug sein? Heilung für Töchter narzißtischer Mütter. G.P. Probst Verlag 2016)

Meeker, M.: Strong Fathers, Strong Daughters. 10 Secrets Every Father Should Know. Ballantine Books, 2007 (dt. unter dem Titel: Starke Väter, starke Töchter. Wie Töchter von ihren Vätern geprägt werden. mvg Verlag, 2015)

Mellars, P., Stringer, Ch.: The Human Revolution. Behavioural and Biological Perspectives on the Origins of Modern Humans. Princeton University Press, 1989

Müller, A.: Interview mit Elfriede Jelinek, November 2004. Erschienen in „Weltwoche", „Berliner Zeitung" und „profil"

Numan, M.M., Insel, T.R.: The Neurobiology of Maternal Behavior. Springer Verlag, 2011

Pedersen, C.A., Caldwell, J.D. Jirikowski, G., Insel T.R. (Hg.): Oxytocin in Maternal, Sexual and Social Behaviors. New York Academy of Sciences Press, 1992

Petri, H.: Das Drama der Vaterentbehrung. E. Reinhardt Verlag, 7. Aufl. 2011

Riva, M.: Meine Mutter Marlene. Goldmann, 2000 (1. Auflage 1992)

Standenat, S.: Wenn nichts mehr ist, wie es war … Kraft für einen Neubeginn finden. Kneipp Verlag, 2015

Tannen, D.: Und so willst du rumlaufen? Gespräche zwischen Müttern und Töchtern. So verstehen sie sich besser. Mosaik bei Goldmann Verlag, 2008

Impressum

© 2018 teNeues Media GmbH & Co. KG, Kempen
Text © Karin Dietl-Wichmann 2018
Illustration © Gui Athayde 2018
Umschlagmotiv © 2018 iStockphoto LP
Alle Rechte vorbehalten

Redaktionelle Koordinaton: Roman Schmid
Lektorat: Gisela Fichtl
Creative Director: Martin Graf
Design & Layout: Robin John Berwing
Bildbearbeitung & Proofs: Jens Grundei
Herstellung: Nele Jansen

ISBN 978-3-96171-122-2

Printed in Slovakia

Kein Teil dieses Werkes darf ohne schriftliche
Einwilligung des Verlages in irgendeiner Form
reproduziert werden.

Wir sind um größte Genauigkeit in allen Details
bemüht, können jedoch eine Haftung für
die Korrektheit nicht übernehmen.
Die Geltendmachung von Mängelfolgeschäden
ist ausgeschlossen.

Der Verlag hat sich bemüht, alle Rechteinhaber
zu ermitteln. Sollten dennoch Inhaber von
Urheber- und Persönlichkeitsrechten unberück-
sichtigt geblieben sein, bitten wir diese, sich mit
der teNeues Publishing Group in Verbindung
zu setzen.

Bibliografische Information
der Deutschen Nationalbibliothek
Die Deutsche Nationalbibliothek verzeichnet
diese Publikation in der Deutschen National-
bibliografie; detaillierte bibliografische Daten
sind im Internet über http://dnb.dnb.de abrufbar.

Published by teNeues Publishing Group

teNeues Media GmbH & Co. KG
Am Selder 37, 47906 Kempen, Germany
Phone: +49-(0)2152-916-0
Fax: +49-(0)2152-916-111
e-mail: books@teneues.com

Press department: Andrea Rehn
Phone: +49-(0)2152-916-202
e-mail: arehn@teneues.com

Munich Office
Pilotystraße 4, 80538 Munich, Germany
Phone: +49-(0)89-443-8889-62
e-mail: bkellner@teneues.com

Berlin Office
Kohlfurter Straße 41–43
10999 Berlin, Germany
Phone: +49-(0)30-4195-3526-23
e-mail: ajasper@teneues.com

teNeues Publishing Company
350 7th Avenue, Suite 301
New York, NY 10001, USA
Phone: +1-212-627-9090
Fax: +1-212-627-9511

teNeues Publishing UK Ltd.
12 Ferndene Road, London SE24 0AQ, UK
Phone: +44-(0)20-3542-8997

teNeues France S.A.R.L.
39, rue des Billets, 18250 Henrichemont, France
Phone: +33-(0)2-4826-9348
Fax: +33-(0)1-7072-3482

www.teneues.com

teNeues Publishing Group
Kempen
Berlin
London
Munich
New York
Paris

teNeues